Joshua Fields Millburn y Ryan Nicodemus

Minimalismo

Para una vida con sentido

Traducción del inglés de Fina Marfà

editorial Kairós

Título original: MINIMALISM: LIVE A MEANINGFUL LIFE by Joshua Fields Millburn y Ryan Nicodemus
© 2011 & 2016 by Joshua Fields Millburn y Ryan Nicodemus
All rights reserved
© de la edición en castellano:
2018 by Editorial Kairós, S.A.
Numancia 117-121, 08029 Barcelona, España
www.editorialkairos.com

© de la traducción del inglés al castellano: Fina Marfà
Revisión: Alicia Conde
Fotocomposición: Beluga & Mleka. Córcega, 267. 08008 Barcelona
Diseño cubierta: Katrien Van Steen
Impresión y encuadernación: Romanyà-Valls. Verdaguer, 1. 08786 Capellades

Primera edición: Mayo 2018
ISBN: 978-84-9988-632-9
Depósito legal: B-6.027-2018

Este libro ha sido impreso con papel certificado FSC, proviene de fuentes
respetuosas con la sociedad y el medio ambiente y cuenta con los
requisitos necesarios para ser considerado un «ibro amigo de los bosques».

Para Chloe y Eric

*«No son las cosas lo que atormenta a los hombres,
sino la opinión que tienen de ellas.»*
EPICTETO

¿Eres verdaderamente feliz?

Sumario

Prólogo

Una breve introducción

El conformismo es la droga con la que muchas personas se automedican. ¿No eres feliz? Compra esto. Compra aquello. Compra algo. Mantente al día de las andanzas de los Jones, de los Trump o de los Kardashian. Al fin y al cabo, puedes ser como ellos, ¿no?

Nada más falso. Todos lo sabemos y, sin embargo, seguimos intentándolo. Hoy sí, mañana también. Intentamos seguir el ritmo, intentamos estar a la altura, intentamos vivir respondiendo a las expectativas sociales. Soportamos una inmensa presión sobre nosotros mismos para ser algo, o alguien, que no somos.

La consecuencia de ello es que vivimos más estresados que nunca. La presión que soportamos es mayor que en ningún otro momento de la historia. Lo vemos en la televisión, cuyas pantallas están invadidas por modelos delgadas como palillos y por hombres musculados, «los más sexis del mundo». Y se *supone* que tenemos que parecernos a *esos* personajes. Lo oímos en la radio, estrellas del rap al volante de un Hummer y estrellas del pop bebiendo champán que llevan una vida irresponsable. *Así* es como se *supone* que debemos consumir. Lo notamos en el trabajo, en los chismes que cuenta nuestro compañero de trabajo sobre otro compañero, sobre otra compañera, y, Dios no lo quiera, un día será sobre nosotros. *Así* es como se *supone* que debemos comportarnos. Para que el nuestro sea el edificio más alto de la ciudad, tenemos que derribar todos los demás.

Basta decir que la presión nos envuelve.

¿O no?

La verdad es que casi toda la presión que soportamos es completamente interna. Sí, claro, es una presión influida por factores externos, pero eso no significa que tengamos que morder el anzuelo. No tenemos por qué sucumbir a esas influencias. Porque ni siquiera siendo un Kardashian, un Trump o un Jones seríamos felices. La felicidad viene de dentro, de nuestro interior, de vivir una vida plena y con sentido. Y eso es lo que este libro quiere ayudarte a descubrir.

Sobre los minimalistas

Este libro trata en última instancia de ti y de cómo puedes vivir una vida plena y con sentido. Pero permítenos que te hablemos de nosotros brevemente.

Nos llamamos Joshua Fields Millburn y Ryan Nicodemus y somos un par de treintañeros que escriben ensayos sobre cómo vivir una vida plena y con sentido, con menos cosas, en un sitio web llamado TheMinimalists.com, con más de cuatro millones de lectores. Nuestro relato se ha presentado en el programa *Today* y publicado en *Wall Street Journal*, *New York Times*, *USA Today*, *Forbes*, las revistas *Time* y *People*, y en muchas otras plataformas. Ambos tenemos una amplia experiencia en liderazgo de grandes grupos en el mundo empresarial de América, así como en *coaching* y desarrollo para cientos de empleados, con el objetivo de ayudarlos a crecer como individuos y contribuir a mejorar el mundo que los rodea.

No hace mucho éramos dos profesionales jóvenes y felices que vivían en Dayton, Ohio. Pero en realidad no éramos felices. Antes de cumplir los treinta ya éramos amigos íntimos y los dos teníamos un trabajo excelente con un sueldo de seis cifras, coche de lujo, casa grande, ropa cara, todos los caprichos posibles… de todo y en abundancia. Sin embargo, aun teniendo todo eso, sabíamos que no estábamos satisfechos con nuestra vida; no nos sentíamos llenos. Descubrimos que trabajar setenta u ochenta horas a la semana y comprar cada vez más cosas no llenaba el vacío, sino que lo agrandaba. Y así fue cómo volviendo a los principios del minimalismo para poder centrarnos en lo verdaderamente importante recuperamos el control de nuestras vidas.

Sobre este libro

La gestación de este libro ha sido larga. Una primera versión, concebida en 2010 y terminada en marzo de 2011, dio como resultado una guía de instrucciones de trescientas páginas titulada *Minimalism in 21 days*. ¿Un libro de *trescientas páginas* sobre cómo convertirse en minimalista? No, no era lo que buscábamos. ¿Cómo iba a serlo un libro sobre minimalismo que tenía trescientas páginas, un libro sobre cómo podía reducirse lo que era excesivo en la vida? Casi que podíamos saborear la ironía. No nos malinterpretes, era un *buen* libro, mucho mejor que la mayoría de los juegos electrónicos que encuentras por internet. Pero precisamente porque para nosotros no era un *gran* libro, y porque carecía de la imprescindible brevedad, hicimos lo que cualquier autor responsable habría hecho: desechamos todo el proyecto, publicamos una versión reducida de *Minimalism in 21 days* en nuestro sitio web (minimalists.com/21days) y nos pusimos de nuevo ante una página en blanco. Era difícil, pero nos pareció la única y auténtica manera de crear un libro digno y con sentido.

El resultado fue la primera edición de *Minimalismo*, publicado en 2011 por Asymmetrical Press. En los cinco años transcurridos desde que publicamos esa primera edición han sucedido muchas cosas y hemos aprendido muchas lecciones. Como resultado de todo ello, el libro que estás leyendo ahora, la segunda edición de *Minimalismo*.

Mientras releíamos este breve libro para preparar la edición actualizada que tienes en tus manos, nos sorprendió lo bien que se han mantenido los principios en que se basa. En todos los eventos, en todas las entrevistas y en casi todas las conversaciones que tenemos con los lectores volvemos a los cinco valores de este libro. No hemos utilizado las páginas de esta nueva edición para ampliar lo dicho en los cinco años pasados (nuestras memorias, *Everything That Remains*, y nuestra colección de ensayos, *Essential*, se encargan de hacerlo), sino que actualizamos significativamente *Minimalismo* profundizando y ampliando los cinco valores expresados en este libro.

En nuestro sitio web ofrecemos de forma gratuita la mejor guía sobre cómo ponerse manos a la obra así como frecuentes actualizaciones a través de nuestros ensayos en línea, que exploran el minimalismo a un nivel profundo y detallan maneras prácticas de aplicar la simplicidad a nuestra vida. Escribimos este libro con la intención de que sea práctico (lo último que deseamos es que malgastes tu tiempo). Sus ingredientes están diseñados a modo de una receta básica que te ayude a vivir de una manera consciente y que, a la vez, puedas adaptar a tu gusto y estilo de vida personal. Además, aunque puedes engullir este libro en un par de días, está organizado en siete pequeños bocados que se digieren mejor a lo largo de una semana, un capítulo por día.

El contenido de este libro no es igual que el de nuestra web ni tampoco que el de nuestros otros libros. Mientras que nuestro sitio web documenta nuestro viaje hacia el minimalismo y nuestro continuo crecimiento a través de la experimentación, este libro analiza el minimalismo de una manera distinta: abarca en profundidad los cinco valores para vivir una vida con sentido. También da a conocer nuestra vida personal, incluidos los acontecimientos dolorosos que nos llevaron a nuestro viaje hacia el minimalismo.

El libro en sí está escrito y organizado para ayudarte a pensar sobre tu vida y sobre cómo la vives; para que hagas un trabajo de introspección que te permita alejarte de tu vida anterior y viajar hacia una vida nueva; para ayudarte a ver que puedes cambiar, que puedes volver a escoger quién quieres ser, que puedes convertirte en la mejor persona que hay en ti: tu verdadero tú, apasionado, amoroso, compasivo, disciplinado y feliz. Y si de verdad quieres maximizar lo que aprendas leyendo este libro, te pedimos que no solo leas su contenido, sino que hagas otras tres cosas mientras lo lees:

Léelo más de una vez. La primera lectura es como cargar la bomba, pero releer las partes que consideres más importantes alimentará tu deseo de tomar medidas para cambiar tu vida.

Toma notas. A diferencia de los ensayos en nuestro sitio web, este libro no está pensado para ser leído una sola vez. No es un documento teórico. Queremos que le saques el máximo partido, lo que significa tomar notas, subrayar ciertos pasajes y hacer listas que te ayudarán a entenderte mejor a ti mismo.

Pasa a la acción. Es el paso más importante. Si lees este libro pero no haces nada con lo que has aprendido, perderás el tiempo. Está bien absorber la información para comenzar, pero la *acción* es lo que va a cambiar tu vida. No te agobiaremos con la acción en estos capítulos, pero sí te vamos a pedir que hagas muchos pequeños ajustes en tu vida, que, sumados, llevan a un cambio significativo con el tiempo.

A todos los efectos, este es un libro de consejos. Como minimalistas que somos, empezamos por las posesiones materiales, y luego, una vez que hemos eliminado lo que sobra, pasamos a los aspectos más importantes de la vida: la salud, las relaciones personales, las pasiones, el crecimiento personal y la ayuda a los demás. Estos cinco valores son los pilares de una vida plena y con sentido.

Finalmente, es importante señalar que, aunque en estas páginas compartimos los sesenta años de vida que sumamos los dos, no tenemos todas las respuestas. Las estrategias, los experimentos y las historias que te damos a conocer son lo que hemos aprendido de innumerables fuentes, desde Elizabeth Gilbert hasta Tony Robbins, pasando por todos los demás. Sin embargo, el denominador común es que todas estas estrategias son las que nos han funcionado bien a nosotros y a miles de personas más. Aunque todos somos diferentes, todos buscamos lo mismo: cómo vivir una vida más plena y con más sentido.

1. Nuestra llegada

¿Eres feliz?

Las posesiones materiales que acumulamos no nos harán felices. Todos lo sabemos y, a pesar de ello, a menudo buscamos el significado de la vida en la acumulación de más posesiones. Pero la verdadera felicidad viene de lo que somos…, de la persona en la que nos hemos convertido. La verdadera felicidad viene de nuestro interior. Del mismo modo, la insatisfacción también es el resultado de esa persona que hemos llegado a ser.

Si quieres basar tu vida en la de las personas corrientes, este libro no es para ti, porque las personas corrientes no son felices. Pero el hecho de que la mayoría de la gente no sea feliz no implica que tú tampoco lo seas. No hay ninguna razón para que te conformes con una vida mediocre, aunque las personas que te rodean se hayan conformado.

Por supuesto, la *felicidad* no es la piedra angular, la piedra angular es una vida plena y con sentido. Hemos de dejar de buscar la felicidad y comenzar a buscar el *sentido*. Si nuestras acciones a corto plazo están alineadas con nuestros valores a largo plazo, todo lo que hagamos tendrá significado. Paradójicamente, esta manera de vivir, vivir de un modo consciente, es lo que conduce a la verdadera felicidad. No a una felicidad efímera o fugaz, sino a una satisfacción duradera que se refuerza con una vida de disciplina, atención, conciencia e intencionalidad. La felicidad es simplemente una consecuencia.

Encontrar la insatisfacción

En 2009, la vida se nos presentaba genial a los dos. Ambos trabajábamos para la misma empresa de telecomunicaciones (Joshua desde 1999, Ryan desde 2004); ambos disfrutábamos de las ventajas de un tipo de vida que la mayoría de la gente envidiaba; ambos vivíamos nuestra versión del sueño americano. Pero por alguna razón que ninguno de los dos era capaz de explicar en aquel momento, no éramos felices, no estábamos satisfechos y, desde luego, no nos sentíamos contentos.

A medida que pasaba el tiempo, el tema de la felicidad comenzó a hacerse presente en nuestras conversaciones cada vez más a menudo. Con cada ascenso en el trabajo, con cada premio o viaje de lujo que ganábamos, con cada elogio que recibíamos, la felicidad que acompañaba a todas esas cosas llegaba y desaparecía a toda velocidad. Cuanto más deprisa llegaba, más deprisa se desvanecía. Entonces buscábamos la felicidad tratando de obtener más elogios, tratando de aumentar nuestros sentimientos de autoestima e importancia «consiguiendo» más.

Cada vez trabajábamos más, a menudo el doble de horas que el americano medio, para obtener esas afirmaciones de valor, para demostrar lo que valíamos.

Era como un subidón de cocaína. Cuantos más elogios recibíamos, más los necesitábamos para funcionar, más los necesitábamos para sentirnos felices. Hasta que llegó un momento en que vivíamos solo para batir el récord incluso emocionalmente. El descontento inundó nuestras vidas. Sabíamos que algo tenía que cambiar, pero no estábamos seguros de qué. E hicimos lo que hacen la mayoría de los americanos: intentamos comprar la felicidad. A pesar de que los dos ganábamos sueldos de más de seis cifras y teníamos cargos respetables, gastábamos más dinero del que ganábamos comprando coches de lujo, casas enormes, televisores de pantalla gigante, muebles elegantes, vacaciones caras y todo lo que nuestra cultura de consumo altamente mediatizada nos decía que nos haría felices.

Pero nada de eso nos hizo felices. Al contrario, nos procuró aún más tristeza e insatisfacción, porque no solo no conseguíamos eliminar todos esos sentimientos de descontento, sino que encima nos endeudábamos. Y cuando se disipaba la euforia temporal provocada por cada una de nuestras compras, nos quedábamos deprimidos, vacíos, solos e indefensos.

Entonces, hacia fines de 2009, una serie de acontecimientos alarmantes hicieron que Joshua empezara a cuestionarse todos los aspectos de su vida, también sus posesiones materiales, su carrera, sus éxitos y el sentido de su existencia.

Una quemadura lenta

Pero rebobinemos un poco nuestra historia, porque nuestra insatisfacción no cayó sobre nuestra cabeza de repente, hiriéndonos como un rayo. No nos levantamos una mañana y dijimos: «Dios mío, ayer todo era perfecto y hoy estoy insatisfecho». La insatisfacción no funciona de esa manera. Por el contrario, es una quemadura lenta; es algo destructivo que penetra en nuestra vida después de años de sutil insatisfacción.

Comenzó cuando éramos jóvenes

Los primeros signos de insatisfacción aparecieron en nuestras vidas mucho antes de nuestros días en la América de las grandes empresas: comenzó cuando éramos niños.

Los dos nos conocimos hace veinte años, en quinto de primaria. Teníamos diez años, vivíamos cerca de Dayton, Ohio, y ya entonces en nuestras vidas había descontento. Ambos crecimos en hogares desestructurados durante la década de 1980 (antes de que *desestructurado* fuera una palabra común). Los padres de ambos se divorciaron. Los de Joshua se separaron cuando él tenía tres años; su madre sucumbió al alcoholismo, lo que le obligó a montárselo solo a partir de los seis años; su padre, bipolar y esquizofrénico, murió cuando Joshua tenía nueve años. La madre de Ryan tuvo problemas por el estilo, abuso de sustancias, lo que más tarde condujo a Ryan, cuando era un adulto joven, al mismo problema. Ambos crecimos en condiciones menos que ideales durante la mayor parte de nuestra infancia, lo cual, visto retrospectivamente, era una receta para el desastre.

A los doce años, ambos teníamos sobrepeso y nos sentíamos insatisfechos y completamente infelices con nuestra vida. Hicimos cosas para intentar escapar de nuestra insatisfacción. Por entonces, la huida más fácil era comer. Experimentábamos una gratificación instantánea engordándonos; estábamos seguros de que así seríamos felices, al menos durante un momento. La comida era uno de los pocos aspectos de nuestras vidas que podíamos controlar, porque todo lo demás estaba fuera de nuestro control. Vivíamos en apartamentos destartalados, infestados de cucarachas, con unas madres solteras que, aunque nos querían, estaban más preocupadas por emborracharse o drogarse que por atender a sus hijos.

Cuando se acercaba el momento de empezar la escuela secundaria, Ryan se mudó a la casa de su padre, que era un entorno mucho más estable. Su padre era propietario de una pequeña empresa dedicada a empapelar paredes y gracias a ese trabajo pudo ofrecerle a su hijo una vida mejor de clase media baja. El padre de Ryan era todo lo contrario de su madre: tenía un trabajo estable, demostraba de mil maneras distintas que amaba a su hijo y era un testigo de Jehová devoto. La larga lista de cambios positivos fue excesiva para que Ryan pudiera asumirlo todo de una vez, y aunque hizo todo lo posible por cumplir con las estrictas reglas del nuevo hogar, también se rebeló experimentando con alcohol, marihuana y otras drogas más duras.

Joshua tomó un camino diferente. No cayó en el alcohol ni en las drogas (estaba muy decepcionado por el desenfrenado alcoholismo de su madre), pero encontró otra manera de sobrellevar la situación: obsesión y compulsión en forma de TOC. Descubrió que, si no podía controlar su situación vital –un apartamento desvencijado, una madre borracha, falta de dinero–, sí que podía controlarse a sí mismo. Así que el primer año de escuela secundaria se adelgazó mucho, al límite de lo insano (comía muy poco) y se pasaba horas organizando sus escasas pertenencias, obsesionado con las cosas más insignificantes, tratando de encontrar algún tipo de orden en un mundo caótico.

Durante nuestro último año de escuela secundaria, en 1998, tuvimos una conversación memorable, que, sin saberlo, se convirtió en el punto de inflexión que nos llevó al caos y la confusión del consumismo. Al habernos criado en entornos relativamente pobres, pensábamos que la clave de nuestra felicidad sería el dinero. En concreto, si llegábamos a ganar cincuenta mil dólares al año, lo habríamos conseguido. Nuestros padres nunca habían ganado tal cantidad de dinero y no eran felices, así que pensamos que si superábamos un umbral arbitrario (cincuenta mil dólares en este caso), de alguna manera nosotros sí seríamos felices. Ahora suena ridículo, pero tenía toda la lógica para dos muchachos de dieciocho años a punto de entrar en el mundo por su cuenta y riesgo.

Acabamos la escuela secundaria en 1999, y seguimos caminos separados durante varios años. Ninguno de los dos fue a la universidad inmediatamente, pero ambos entramos en el mundo laboral.

Ryan trabajó para su padre, empapelando y pintado paredes de casas ricas por todo el suroeste de Ohio. Joshua encontró un trabajo de comercial en una gran empresa. En los dos casos, las carreras profesionales estaban impregnadas de ciertas expectativas económicas. Ninguno de los dos disfrutaba especialmente con el trabajo que hacía, pero no sabíamos de nada mejor, ignorábamos que se pudiera trabajar en algo que te gustara. Para nosotros, nuestro trabajo estaba diseñado para lograr dos cosas relacionadas con nuestro estilo de vida: nos permitía ganar dinero y nos otorgaba cierta categoría social.

Ryan ganaba lo suficiente para vivir. No era una gran cantidad de dinero, pero podía pagar todas las cuentas. El trabajo también le proporcionó una identidad. Una flota de media docena de camiones, llenos de botes de pintura y a cuyos lados se podía leer «Nicodemus», patrullaba las calles del condado de Warren, Ohio, hablando en silencio pero elocuentemente de su futuro. Era reconfortante saber que algún día se haría cargo del negocio de su padre, que sería suyo y que a lo mejor incluso se lo pasaría a sus futuros hijos.

Pero Ryan también sabía que con el negocio de la pintura no se haría rico. Pintaba paredes de casas multimillonarias que sabía que él nunca podría permitirse, ni siquiera cuando se hiciera cargo del negocio, lo que, si trabajaba mucho, conseguiría cuando su padre se jubilara al cabo de diez o veinte años. La insatisfacción de Ryan se iba acumulando al darse cuenta de que nunca lograría obtener lo que quería. En aquel momento no sabía por qué deseaba una casa palaciega o por qué una casa así lo haría feliz; simplemente estaba descontento porque nunca podría permitirse tales lujos. Por eso buscó la satisfacción por otros caminos.

Joshua encontró un trabajo en el que potencialmente podría ganar más dinero que las personas que fueron sus compañeros de escuela secundaria, un trabajo que le ofrecía posibilidades de mejora profesional a largo plazo. Todo lo que tenía que hacer era trabajar como un condenado para «obtener resultados». Y eso fue lo que hizo, trabajar como un condenado, con frecuencia siete días a la semana durante más de un mes seguido, sin ni un día de descanso. Cuanto más trabajaba, más vendía. Y cuanto más vendía, más dinero ganaba y más elogios recibía. A los dieciocho años ganaba más dinero del que su madre vio junto jamás. Estaba preparado para la grandeza (empresarial). Por lo menos aparentemente.

Pero Joshua también estaba insatisfecho. Aunque a sus diecinueve años ganaba más de cincuenta mil dólares, tenía poco tiempo para sí mismo. El mundo empresarial de «desempeños» y «logros» pasaba factura, razón por la cual intentó comprar la felicidad y trató de fabricar una vida de satisfacciones.

Fabricar satisfacción

Insatisfechos con nuestros trabajos y con nuestras vidas, procuramos paliar nuestra insatisfacción de diferentes maneras. Ryan utilizó determinados recursos. Primero, recurrió a la religión de su padre –la religión de su infancia– y dejó de lado las drogas y las actividades mundanas; se convirtió en un devoto testigo de Jehová y abrazó los principios de esta religión, en la que buscó el significado de la vida. A los dieciocho años, se casó con su novia de la escuela secundaria, unos meses después de acabar los estudios de secundaria. Él y su esposa adoptaron el estilo de vida propio de los testigos de Jehová, pidieron una hipoteca para comprarse una pequeña casa en la ciudad natal en la que se criaron y comenzaron a hablar de crear una familia juntos.

Pero el matrimonio rebosaba de miedo y desconfianza. Al cabo de tres años de una aburrida vida de pareja, el matrimonio acabó de mala manera, lo que hizo que Ryan recurriera a las drogas y el alcohol, en busca de una salida a su dolorosa y fracasada realidad.

Joshua, por su parte, continuó con su trabajo centrado en el mundo empresarial americano, en el que desempeñó sus tareas con tanto tesón que se convirtió en uno de los mejores vendedores de la compañía. Obtuvo su primer ascenso a un puesto de liderazgo a los veintidós años, lo que lo convirtió en la persona más joven que, en los ciento treinta años de historia de la empresa, había conseguido aquel puesto.

Con este ascenso llegó más dinero, más responsabilidad y también más trabajo. El trabajo consumía la vida de Joshua. A los veintitrés años se casó, se hizo construir una gran casa en las afueras de la ciudad y siguió trabajando cada vez más a medida que su vida personal se iba sucediendo ante un fondo desenfocado. Apenas era consciente de que se había casado. Descuidó la relación con su esposa y la dio por sentada. Apenas pasaba tiempo en su enorme casa, que tenía más habitaciones que habitantes. Sobre todo intentaba evitar la insatisfacción que se iba fraguando en su interior. Sabía que no era feliz, pero un día llegaría a serlo, ¿no? Y así la vida continuó a su ritmo vertiginoso.

Para lidiar con su insatisfacción más sutil, Joshua intentó comprar su felicidad. Gastaba dinero en cosas, compraba ropa elegante y de lujo, vacaciones caras, innumerables aparatos electrónicos, un sinfín de caprichos innecesarios. Cuando vio que nada de todo aquello le procuraba una felicidad duradera, recurrió al vicio infantil de la comida. A sus veintipocos años, pesaba más que nunca: le sobraban treinta kilos y estaba en una forma física pésima. «¡Pero al menos gano dinero!», pensaba, atribuyéndose una identidad en su carrera, una especie de categoría y satisfacción al saber que desempeñaba bien su trabajo, aunque fuera un trabajo que no le gustaba.

Cuando el dúo se reencontró

Fue más o menos en esta época cuando nos volvimos a encontrar, casi por casualidad, siendo ambos unos veinteañeros en su momento más bajo.

Ryan decidió que tomar las riendas del negocio de su padre no era para él. No sabía lo que quería hacer con su vida, pero pensó en darle una oportunidad al mundo de la empresa. Porque si pudiera ganar más de cincuenta mil dólares al año, entonces la vida estaría bien y él sería feliz, ¿no?

Entonces, en 2004, poco después de que Joshua se casara y de que Ryan se divorciara, Joshua contrató a Ryan para trabajar en la empresa en la que él había trabajado como un esclavo durante los últimos cinco años. Al igual que Joshua, Ryan destacó rápidamente, trabajando con una intensidad fuera de lo común, lo que lo convirtió en uno de los mejores vendedores de la compañía.

Entre los veinte y los treinta años ambos conseguimos varios ascensos, promociones con elegantes nombres como *jefe de canal*, *jefe regional* y *director*. Estos cargos trajeron consigo más dinero, más responsabilidad y más trabajo. Por desgracia, esos títulos también vinieron acompañados de cosas mucho más obscuras: ansiedad y estrés, preocupación, tristeza y depresión.

Y, no obstante, por mucho que lo intentamos, nuestra búsqueda de la felicidad a través del estatus y las posesiones materiales nunca nos proporcionó ni felicidad ni satisfacción reales y duraderas.

Ya cerca de los treinta, ganábamos mucho dinero en trabajos que no nos gustaban, pero teníamos muchas deudas... económicas y emocionales.

Regreso al futuro

Avancemos rápidamente hasta el año 2009, de vuelta a nuestras semanas de ochenta horas laborales, a nuestras vidas aparentemente perfectas desmoronándose por dentro.

El 8 de octubre de 2009, la madre de Joshua murió de un cáncer de pulmón en fase cuatro. La mujer luchó contra la enfermedad durante más de un año y soportó repetidos tratamientos de quimioterapia y radioterapia. Pero cuando el cáncer se diseminó por su cerebro y otros órganos, dejó de ser un rival para la enfermedad.

Por mucho que cueste de creer, el cáncer era una metáfora de la vida de Joshua. Aunque las cosas tenían buen aspecto en su apariencia –el matrimonio, un trabajo fantástico, los coches, los oropeles del éxito–, por dentro había algo en muy mal estado.

Ninguno de nosotros dos era feliz. Cuando ambos creímos diez años antes que seríamos felices si ganáramos cincuenta mil dólares al año, nos equivocamos. Al principio, al poco de cumplir los veinte, pensamos que a lo mejor solo habíamos calculado mal la cantidad exacta que hacía falta para ser felices, y modificamos el cálculo: si ganásemos sesenta mil dólares al año, entonces sí seríamos felices, ¿a que sí? Y cuando ganar esa cantidad tampoco nos proporcionó la felicidad, pensamos que si ganáramos setenta y cinco mil, y después noventa mil, y después cien mil dólares al año, entonces seríamos felices, ¿a que sí? Era un ciclo interminable. Cada año ganábamos más dinero, y cada año gastábamos más de lo que ganábamos en nuestro empeño por vencer nuestra perpetua insatisfacción creada por el tipo de vida que llevábamos. La ecuación en sí estaba rota.

Una semana después de la muerte de la madre de Joshua, tuvimos otra conversación sobre la felicidad. Hablamos del porqué no estábamos contentos y de qué nos haría felices. Era evidente que la vieja fórmula de *Si fuéramos capaces de ganar X dólares, entonces seríamos felices* no había dado resultado. Los dos teníamos sueldos que superaban las seis cifras, los dos éramos unos jóvenes ejecutivos exitosos de veintiocho años, y los dos «habíamos resuelto nuestras vidas» según los estándares culturales. Pero era evidente que no habíamos resuelto nada de nada.

¿Era eso lo que habíamos estado esperando durante toda la vida? ¿Íbamos a seguir trabajando como esclavos horas y más horas en una empresa a la que le importábamos un rábano? ¿Nos íbamos a abrir camino en la alta dirección –para convertirnos en directores de operaciones o consejeros delegados con sueldos de siete o incluso de ocho cifras– solo para estar aún más deprimidos cuando llegásemos a los cuarenta? No nos parecía deseable: cuanto más hablábamos de nuestro sueño de ascender por la escalera corporativa, más nos parecía una pesadilla.

La muerte de la madre de Joshua lo puso todo en otra perspectiva: en este mundo solo disponemos de una cantidad de tiempo finita. La podemos gastar acumulando riqueza monetaria o la podemos gastar con sentido; y esto último no excluye necesariamente lo primero, pero la incesante búsqueda de riqueza no conduce a una vida con sentido.

Entonces decidimos hacer inventario de nuestras vidas. Queríamos descubrir qué era lo que nos hacía infelices y qué teníamos que hacer para cambiar esas cosas en nuestras vidas, para poder experimentar la felicidad, la pasión, la libertad.

Anclas

Primero, identificamos nuestras anclas. Habíamos descubierto que «obtener lo que queríamos» (casas grandes, cheques de cantidades más elevadas, posesiones materiales e incentivos en las empresas) no nos hacía felices, así que queríamos identificar qué era lo que nos mantenía anclados: lo que nos hacía sentir amarrados y nos impedía crecer.

El concepto de ancla nos tocó la fibra sensible a los dos. Nos obligó a mirarnos francamente en el espejo y a identificar todo lo que pensábamos que podría estar impidiéndonos vivir una vida feliz y plena.

El ejercicio que llevamos a cabo fue simple: durante una semana, cada uno por su cuenta anotó todo lo que creía que podía ser una ancla (el primer paso para resolver un problema es identificar el problema, ¿no?). A medida que avanzaba la semana, nuestras listas de anclas crecieron, y al final de la semana Joshua había contado ochenta y tres anclas. Y Ryan, cincuenta y cuatro. Un montón de anclas.

El siguiente paso fue identificar nuestras prioridades. Empezamos priorizando, y lo hicimos dividiendo nuestras anclas en dos categorías: anclas principales y anclas secundarias.

Las anclas principales eran las cosas más obvias que nos impedían sentirnos libres, incluidas nuestras casas (o sea, las enormes sumas de hipoteca que implicaban), ciertas relaciones con las personas (o sea, las relaciones poco sanas que no aportaban valor alguno a nuestras vidas), los plazos para pagar los coches y otras facturas de importes elevados, deudas importantes, nuestras carreras y todo lo que exigiera una cantidad de tiempo desmesurada sin aportarnos un retorno equivalente a nuestra vida.

Las anclas secundarias constituían el grueso de nuestras listas e incluían facturas de televisión por cable, facturas de internet, otras facturas, deudas menores, ropa que no nos poníamos, aparatos domésticos que no utilizábamos, cachivaches, determinadas relaciones periféricas improductivas, tiempo de conducción diario y otras cosas menores que consumían pequeñas cantidades de nuestro tiempo, atención y concentración.

Decidimos que librarnos de muchas de esas anclas nos permitiría recuperar gran parte de nuestro tiempo, que luego podríamos emplear en cosas con mucho más sentido. Al ver que las anclas principales parecían ser las más difíciles de abordar, comenzamos por ellas. Por ejemplo, cada céntimo extra que ganaba Joshua lo dedicaba a los pagos adicionales correspondientes a sus deudas. Se acabaron los viajes, las vacaciones o las cenas lujosas; todo lo que ganaba lo destinaba a pagar el coche y la enorme deuda de su tarjeta de crédito, que, a pesar de unos ingresos sustanciosos, había subido a un nivel increíble: más de seis cifras. Al final, al cabo de dos años, terminamos de pagar nuestros coches y saldamos nuestras deudas. Otras de las principales anclas las abordamos de manera parecida. Finalmente, nos deshicimos de muchas de nuestras posesiones, eliminamos todo lo que no era importante y nos quedamos con las cosas que nos gustaban y con las que disfrutábamos, cosas que usábamos en nuestra vida cotidiana. Dos años después, las anclas de antaño ya no significaban un peso sobre nuestras espaldas.

Tomar decisiones difíciles

Como algunas de las anclas principales tenían que ver con relaciones con otras personas, tuvimos que tomar algunas decisiones difíciles. Poco después de la muerte de la madre de Joshua, este decidió que su matrimonio –se había casado hacía casi seis años– no funcionaba. Sabía que ni él ni su esposa eran felices, que no compartían los mismos valores ni tenían los mismos deseos, y que el uno y la otra querían cosas muy diferentes de la vida. Joshua y su mujer se amaban y querían encontrar una manera de que su matrimonio funcionara, así que se sentaron, hablaron de sus diferencias y elaboraron un plan para salvar su matrimonio. Acudieron a un mediador matrimonial y tomaron medidas para armonizar sus vidas; trabajaron juntos en ello durante meses, esforzándose por reparar su vida en pareja. Pero sus diferencias eran demasiado grandes, y al final Joshua y su esposa decidieron separarse. Para él fue la decisión más difícil de su vida. Por suerte, con el paso del tiempo, fueron capaces de seguir siendo buenos amigos y aún hoy en día les une una profunda y mutua estima.

Además, Joshua se enfrentó al dilema de qué hacer con todas las cosas de su madre después de su muerte: qué hacer con todas esos objetos que tienen un valor sentimental y a los que solemos aferrarnos a perpetuidad. Su madre vivía a más de mil quilómetros de distancia, en Florida; y, tras su muerte, era responsabilidad de Joshua vaciar el pequeño apartamento de una sola habitación donde había vivido, repleto de enseres. Su madre tenía el buen gusto de las decoradoras de interiores, y nada de lo que tenía en su casa era «basura» tipo *Hoarders*,* lo cual significaba que desprenderse de cualquier objeto era difícil. Sin embargo, la pequeña vivienda contenía un sinfín de cosas con las que probablemente se hubieran llenado tres apartamentos o más, y por lo tanto Joshua era consciente de que tenía que desprenderse de algunas de ellas.

---

* Título de una serie televisiva americana. La serie muestra la vida de personas con síndrome de la acumulación compulsiva o de Diógenes.

Su madre vivió toda su vida comprando objetos y acumulando trastos. Los muebles antiguos estaban por toda la vivienda, un impresionante dosel de roble acaparaba casi todo el espacio de su dormitorio, dos armarios repletos de ropa, marcos vacios apoyados en todas las superficies planas, obras de arte originales colgando en las paredes y decoraciones creativas en cada rincón, grieta y hendidura: sesenta y cuatro años acumulando.

Entonces Joshua hizo lo que hubiera hecho cualquier hijo: alquiló un gran camión de mudanzas. Luego llamó a una empresa que alquilaba trasteros en Ohio y se aseguró de que tuvieran un local de almacenamiento lo suficientemente grande. El camión le costaba 1.600 dólares; el trastero de almacenamiento, 120 dólares al mes. Si económicamente el coste era elevado, pronto descubrió que el coste emocional todavía lo era mucho más.

Al principio, no quería desprenderse de nada. Si has perdido a un ser querido o has vivido un momento emocional parecido, entenderás exactamente lo difícil que era para él dar o tirar de cualquiera de aquellos objetos. Así que, en lugar de desprenderse de algo, decidió meter todos los cachivaches, figuritas y muebles de gran tamaño en aquel pequeño trastero de almacenamiento en Ohio. Lo llenó desde el suelo hasta el techo. De ese modo sabía que las cosas de mamá estaban allí, por si alguna vez quería algo, por si alguna vez necesitaba acceder a ellas quién sabe por qué incomprensible razón. Por si acaso.

La semana después de la muerte de su madre, Joshua

comenzó a empaquetar sus pertenencias: todos los cuadros, todas las muñecas de porcelana, todos los tapetes de todos los estantes. Empaquetó todos los trocitos que quedaban de su madre. O eso pensó.

Luego miró debajo de la cama. En medio del caos organizado en el espacio de debajo de la cama había cuatro cajas, cada una etiquetada con un número: 1, 2, 3 y 4. Cada caja numerada estaba sellada con cinta adhesiva. Joshua cortó la cinta y encontró papeles antiguos de la época en la que él iba a la escuela primaria: los cuarto primeros cursos. Pruebas de ortografía, ejercicios de caligrafía, dibujos: todo estaba allí, todos y cada uno de los papeles de sus primeros cuatro años de escuela. Era evidente que su madre no había abierto aquellas cajas cerradas en años, y a pesar de ello se había aferrado a ellas porque trataba de aferrarse a pedazos de su hijo, a pedazos del pasado, igual que Joshua trataba de aferrarse a pedazos de su madre y al pasado de ella.

Fue entonces cuando se dio cuenta de que eran vanos sus esfuerzos por retener los objetos. Podía conservar los recuerdos sin las pertenencias, igual que su madre había conservado el recuerdo de su hijo y de su niñez así como muchos otros recuerdos sin haber abierto esas cajas selladas que guardaba debajo de la cama. No necesitaba documentos de hacía veinticinco años para recordar a su hijo, igual que él no necesitaba un trastero lleno de las pertenencias de su madre para recordarla.

Entonces Joshua llamó a la agencia de mudanzas y anuló el servicio de transporte. Luego, en los doce días siguientes, donó casi todas las pertenencias de su madre a organizaciones y personas que realmente las usarían. Desde luego fue difícil desprenderse de ellas, pero con esta experiencia Joshua aprendió varias lecciones:

> No somos nuestras cosas.
>
> Somos más que nuestras pertenencias.
>
> Lo que guardamos en nuestro interior son los recuerdos, no las cosas.
>
> Las cosas que poseemos son una carga mental y emocional.
>
> Las fotografías antiguas pueden escanearse.
>
> Podemos hacer fotos de las cosas que queremos recordar.
>
> Lo que para nosotros solo tiene un valor sentimental puede ser útil para otras personas.
>
> Desprenderse es liberarse.

No creemos que las cosas que tienen un valor sentimental sean perjudiciales o malas, o que aferrarse a ellas esté mal. No, lo que creemos es que la naturaleza maligna de los objetos sentimentales es algo mucho más sutil. Si quieres deshacerte de un objeto pero la única razón por la que te aferras a él es por motivos sentimentales (si ese objeto te pesa, si es un ancla), a lo mejor es que ha llegado el momento de deshacerte de él, a lo mejor es que ha llegado el momento de liberarte de su peso. Pero eso no significa que debas deshacerte de todo.

Cada uno por su lado, con el tiempo, los dos nos enfrentamos a muchas de nuestras anclas, las grandes y las pequeñas.

Durante el proceso de abordar nuestras anclas, siempre buscamos maneras de llevarlo a cabo con más eficiencia. Buscamos ejemplos de personas que habían superado el miedo, que se habían liberado de sus anclas y habían comenzado a vivir una vida con más sentido. Así es como el concepto de minimalismo se cruzó en nuestro camino.

Cómo descubrimos el minimalismo

A finales de 2009, poco después de la muerte de la madre de Joshua, cuando su matrimonio se estaba derrumbando y ambos nos sentíamos descontentos con la vida que llevábamos, Joshua encontró una web llamada *Exile Lifestyle*, desarrollada por Colin Wright.

La web de Colin nos intrigó. Ante nosotros teníamos a un joven emprendedor de veinticuatro años que llevaba una vida increíble, una vida aparentemente imposible. Colin abandonó su bien remunerada carrera profesional para seguir su pasión, viajar por el mundo y dirigir sus negocios desde cualquier lugar. En su sitio web –lo que él llamaba un *blog*, término con el que entonces no estábamos familiarizados– documentaba sus viajes y gracias a eso sus miles de lectores participaban en ellos: los lectores de Colin votaban el siguiente destino de su viaje.

Estábamos muy sorprendidos con aquel personaje que lo «dejó todo» para viajar a un país nuevo cada cuatro meses.

No es que nosotros quisiéramos viajar tanto (nuestro deseo no era este), pero sí queríamos tener la libertad de seguir nuestras propias pasiones, que descubrimos que no estaban dentro de la vorágine empresarial.

Colin también utilizaba un término con el que no estábamos nada familiarizados: decía que era un *minimalista*. En su web contaba que aquel movimiento llamado *minimalismo* le había permitido centrarse en las cosas importantes de la vida y a la vez eliminar todo lo que en su opinión le sobraba y que había entorpecido su camino. Nos fascinó: fue como si alguien encendiera la luz por primera vez y nos mostrara una herramienta que nos ayudaría a superar el caos de nuestras vidas para llegar por fin a lo que era importante. Debido a los viajes, en aquel momento Colin solo poseía setenta y dos cosas –en su web había fotos de todas sus posesiones– y todas ellas cabían en la bolsa que lo acompañaba en sus viajes. La parte más sorprendente de esta historia era lo contento que estaba Colin: desprendía felicidad, emoción y pasión. Colin amaba la vida.

Aunque respetábamos profundamente a Colin, no queríamos vivir como él; no queríamos viajar por el mundo ni vivir con menos de cien cosas. Pero sí queríamos la libertad que le procuraba su estilo de vida minimalista, y queríamos también la felicidad y la pasión que acompañaban esa libertad. Así que durante los primeros seis meses de 2010, fuimos levando poco a poco nuestras anclas, una por una, mientras seguíamos el viaje de Colin.

Pero a lo mejor con nuestros treinta años ya éramos demasiado viejos y habíamos echado demasiadas raíces para convertirnos en minimalistas. Quizás habíamos llegado tarde y el minimalismo era solo para jóvenes sin muchas posesiones con el deseo de viajar mucho.

Descubrimos que esto tampoco era cierto.

Gracias a Colin, conocimos a otros dos minimalistas que se parecían en muchas cosas a nosotros: Leo Babauta y Joshua Becker.

Leo Babauta, creador del sitio web *Zen Habits*, tenía una historia que resonó en nosotros de inmediato. Leo era un hombre de treintaipocos años, divorciado una sola vez y que había superado un montón de adversidades para vivir una vida más plena y con sentido. Basándose en el minimalismo para simplificar su vida, logró algunas hazañas asombrosas en solo unos pocos años: dejó de fumar, se adelgazó treinta kilos, se puso en forma como nunca en su vida, saldó sus deudas, se mudó de Guam a San Francisco y renunció a su trabajo en una empresa, pero seguía manteniendo a su esposa y a sus seis hijos.

Un caso parecido era el de Joshua Becker, de treintaitantos años, esposo y padre de dos hijos, que vivía en Vermont. Joshua simplificó su vida familiar en las afueras de la ciudad basándose también en el minimalismo: conservó su puesto de trabajo en una iglesia local y tenía una página web, *Becoming Minimalist*, desde la que ayudaba a otras personas a aprender más sobre minimalismo.

Leo Babauta y Joshua Becker nos demostraron que el minimalismo no era solo para chicos solteros que no querían trabajar de nueve a cinco: era para cualquier persona interesada en vivir una vida más simple y consciente. Era para cualquier persona que quisiera centrarse en los aspectos importantes de la vida y no en las posesiones materiales que, en nuestra cultura, están tan estrechamente vinculadas con el éxito y la felicidad.

De hecho, en nuestro sitio web tenemos una página dedicada a definir el minimalismo un tanto irónicamente, y nos reímos de los cínicos y escépticos que consideran que el minimalismo es una tendencia o moda pasajera. Comenzamos nuestra definición así:

> Para ser minimalista tienes que vivir con menos de cien cosas, no puedes ser propietario de un coche, ni de una casa, ni de un televisor, no puedes tener una carrera, y has de poder vivir en algún lugar exótico del planeta, tienes que escribir un blog, no puedes tener hijos y tienes que ser un hombre joven blanco y de familia acomodada.

Desde luego estamos bromeando. Evidentemente. Pero quienes desprecian el minimalismo como una moda pasajera suelen mencionar algunas de las «restricciones» anteriores como las razones por las que «jamás serán minimalistas».

La verdad es que el minimalismo no consiste en ninguna de esas cosas, pero puede ayudarte a lograrlas casi todas si eso es lo que deseas.

Si quieres vivir con menos de cien cosas, o no ser propietario de un coche, o viajar por todo el mundo, el minimalismo te ayudará.

Pero no se trata de esto.

Se trata de que el minimalismo es una herramienta que te ayudará a liberarte. Liberarte del miedo, liberarte del desasosiego, liberarte de la tristeza, liberarte del sentimiento de culpa, liberarte de la depresión, liberarte de la esclavitud. Te ayudará a alcanzar la libertad. La verdadera libertad.

No obstante, un minimalista puede poseer un automóvil y una casa, y tener hijos y una carrera profesional. El minimalismo es diferente para cada persona, ya que se trata de encontrar lo que es esencial para cada cual. Existen montones de minimalistas exitosos que hacen algunas de estas cosas o todas (consulta minimalists.com/links para obtener una lista de minimalistas). Entonces, ¿cómo es posible que sean todos tan diferentes entre sí y, sin embargo, que todos sean minimalistas? Esto nos lleva de vuelta a la pregunta que planteábamos al principio: *¿qué es el minimalismo?*

El minimalismo es una herramienta que utilizamos para vivir una vida plena y con sentido. No hay reglas. Al contrario, el minimalismo consiste simplemente en eliminar lo innecesario de tu vida para que puedas centrarte en lo que es importante. En definitiva, el minimalismo es eso que nos lleva más allá de las cosas para que podamos centrarnos en las cosas más importantes de la vida…, que en realidad no tienen nada que ver con cosas.

El minimalismo nos ha ayudado en varias aspectos. Por ejemplo:

A reivindicar nuestro tiempo.

A liberarnos de las cosas innecesarias.

A disfrutar de nuestra vida.

A descubrir el sentido de nuestra vida.

A vivir el momento.

A focalizar lo que es importante.

A seguir nuestras pasiones.

A encontrar la felicidad.

A hacer lo que queremos hacer.

A encontrar nuestra misión.

A experimentar la libertad.

A crear más y consumir menos.

¿Cómo nos ayudó el minimalismo a lograrlo? El minimalismo es una opción de tipo de vida. Los minimalistas optan por deshacerse de lo innecesario en beneficio de lo que es importante. Pero el nivel de concreción depende de ti. Los minimalistas buscan la felicidad no en las cosas, sino en la vida misma; por lo tanto, depende de ti determinar qué es necesario y qué es superfluo en tu vida. En las páginas de este libro, te daremos algunas ideas sobre cómo determinar estas cosas y cómo lograr un estilo de vida minimalista sin someterte a un código estricto o a una serie de reglas.

Una advertencia: dar los primeros pasos comporta algunas

dificultades, pero el viaje se vuelve mucho más fácil y más gratificante cuanto más avanzas. Sin embargo, los primeros pasos hacia el minimalismo suelen implicar cambios radicales en la mentalidad, en las acciones y en los hábitos.

Vamos a ver, si tuviéramos que resumirlo en una sola frase, diríamos: *el minimalismo es una herramienta para eliminar lo innecesario de la vida, centrarnos en lo esencial y encontrar la felicidad, la realización personal y la libertad.*

Adoptar el minimalismo

Nosotros adoptamos el minimalismo cuando nuestras vidas bajaban en picado por una espiral en círculos cada vez más pequeños hacia el olvido. Fue un faro en la noche. Indagamos febrilmente por internet, una página tras otra, en busca de más información, orientación e iluminación, observando, aprendiendo e intentando entender en qué consistía exactamente todo eso del minimalismo. Después de meses de investigación (mientras eliminábamos nuestras anclas), emprendimos un viaje cada vez más al interior de la madriguera, y, con el tiempo, descubrimos a una serie de personas que no poseían muchas cosas, pero que rebosaban de felicidad, pasión y libertad, algo que nosotros anhelábamos desesperadamente.

Al final, adoptamos los conceptos de minimalismo y simplicidad como una forma de vida, y descubrimos que también nosotros podíamos ser felices, pero no poseyendo más cosas, no por acumulación. Volvimos a tomar el control de nuestras vidas para poder identificar lo importante y así poder centrarnos en el significado más profundo de la vida.

La felicidad, en lo que a nosotros respecta, se alcanza internamente llevando una vida con sentido, una vida llena de pasión y libertad, una vida en la que podamos crecer y ayudar a los demás en todo lo que podamos. Estos son los pilares en los que se asienta la felicidad. Nada que ver con poseer cosas.

La creación de Los Minimalistas

En el verano de 2010 no teníamos ninguna intención de escribir no ficción en línea o de crear un sitio web sobre minimalismo. Pero entonces, bastante por casualidad, Joshua viajó a Nueva York en el mes de junio y fue en ese viaje donde conoció a Colin Wright personalmente. Este encuentro le confirmó la excepcionalidad de este hombre: Colin era en efecto una persona brillante, feliz y satisfecha, algo que para un hombre insatisfecho que se acercaba a la treintena y que vivía sumergido en el océano corporativo parecía imposible de alcanzar.

Se conocieron en Manhattan después de contactar por Twitter. Joshua había escrito ficción de muy joven cada vez que el trabajo le dejaba un momento libre. Sabía que Colin se ganaba la vida publicando en línea su propio material, y él quería saber más sobre el proceso de edición. Cuando se encontraron para compartir el almuerzo, Colin animó a Joshua a explorar la ruta no tradicional de publicar sus escritos de ficción, y le dio a conocer varios recursos que más adelante demostraron ser útiles (visita asymmetrical.co/how-to si quieres una lista de recursos). Después de aquel primer encuentro, mantuvieron el contacto y más tarde llegaron a trabajar juntos en varios proyectos, entre los cuales cabe mencionar las memorias de Colin *My Exile Lifestyle* y la novela de Joshua *As a Decade Fades*.

Durante el encuentro, Colin dijo algo que se quedó dentro de Joshua (precisamente lo que le llevó a formar equipo con Ryan para crear *The Minimalists*):

> Tienes que hacer algo en internet. Podrías cambiar las cosas. El mundo necesita gente como tú que ayude a las personas a ver las cosas con claridad.

Joshua escribió estas palabras en su diario. Lo acompañaron hasta mucho después de aquel encuentro. Y con esas palabras decidimos crear Los Minimalistas [*The Minimalists*]. Queríamos hacer dos cosas con nuestra web: documentar nuestros viajes personales por el minimalismo y ayudar a otras personas a vivir una vida con más sentido utilizando el minimalismo como base. Empezamos a ccrear la web en noviembre de 2010, y no tardamos en descubrir que no teníamos ni idea de cómo se hace una web. Ignorábamos las bases del HTML, no sabíamos nada de blogs ni de escribir no ficción en línea (sí, claro, Joshua tenía experiencia como escritor de ficción, y eso nos ayudó a escribir, pero de todo lo demás no teníamos ni idea). Así que hicimos una investigación exhaustiva y construimos nuestra web en un periodo de seis semanas, trabajando sin descanso hasta el último minuto (si te interesa saber con más detalle cómo creamos nuestra web, lee nuestro artículo «How to start a succesful blog», en minimalists.com/blog). Inauguramos oficialmente TheMinimalists.com el 14 de diciembre de 2010.

Y aquí nos tenéis: dos tipos con traje y corbata salidos del mundo de las grandes empresas siguiendo el consejo de un bloguero milenial. Habíamos creado una web, documentado todo nuestro viaje hacia el minimalismo y empezado a escribir algunos ensayos que cada semana colgábamos en la web.

Luego se sucedieron varios meses llenos de inesperadas emociones, y nuestras vidas cambiaron en los nueve meses posteriores a la creación de nuestra web. Conocimos a personas increíbles que eran activas en internet, y esas relaciones en línea se convirtieron al final en amistades reales, incluidos los ya mencionados Leo Babauta y Joshua Becker, y muchos otros, entre los que se cuentan Julien Smith, Chris Guillebeau y Courtney Carver. Gracias a la ayuda de muchas de estas destacadas personas, así como a nuestro pequeño número de lectores iniciales que compartieron incansablemente nuestros ensayos, la web creció exponencialmente: al cabo de nueve meses teníamos más de cien mil lectores mensuales. En ese momento, nuestra web recibía visitas equivalentes a once mil horas todos los meses. Nos mencionaron en las webs más populares de toda la red. Recibimos los correos electrónicos más increíbles sobre cómo cambiábamos la vida de la gente con nuestros ensayos. Como consecuencia, ambos dejamos nuestros trabajos en las respectivas empresas y comenzamos a dedicar todo nuestro tiempo a vivir una vida con más sentido. (Si te interesa saber más sobre cómo salimos del mundo corporativo, lee el capítulo siete de nuestras memorias, *Everything That Remains*, o el artículo de Joshua «Why I Walked Away of My Six-Figure Career», en minimalists.com/quit.)

Qué significa vivir una vida con sentido

¿Qué significa vivir una vida con sentido? En general, tanto en nuestros ensayos como en nuestros libros, hablamos del minimalismo como una herramienta que nos ha permitido llevar una vida con más sentido, por lo que es importante que definamos lo que esto significa.

Después de mucho ejercicio, deliberación, debate, investigación y experimentación, descubrimos los cinco valores que nos permiten vivir una vida con sentido:

1. Salud.
2. Relaciones personales.
3. Pasiones.
4. Crecimiento personal.
5. Ayudar a los demás.

Nos llevó meses eliminar todas las anclas de nuestras vidas y acabar con el desorden en el que vivíamos para descubrir estos cinco valores. Sin embargo, nada fue por casualidad; descubrimos lo que era más importante en nuestras vidas a base de pruebas y errores.

El minimalismo hizo posible este descubrimiento. Hacia los veintiocho años, todo en nuestras vidas parecía sumido en una especie de niebla. Teníamos todo lo que *supuestamente* debíamos tener, todo lo que según proclamaba nuestra cultura nos iba a hacer felices, y sin embargo no lo éramos. Peor todavía, habíamos llegado al punto en el que ni siquiera sabíamos qué era importante. Vencer el desorden que envolvía nuestras vidas nos permitió redescubrir estos cinco puntos clave. Así pues, desprendernos de nuestras posesiones fue el primer mordisco a la manzana y lo que nos permitió liberar espacio para llenar nuestras vidas de actividades con más sentido.

Tras meses de documentación rigurosa, la conclusión es que los aspectos que hemos cambiado en nuestras vidas que tienen que ver con estos cinco valores son los que han tenido mayores efectos positivos y nos han procurado más satisfacción y gozo a ambos. Los siguientes cinco capítulos tratan de cada uno de estos conceptos en profundidad, mucho más ampliamente de lo que permite nuestra web. A lo largo de estos capítulos analizamos por qué estos cinco valores son los aspectos más importantes de nuestras vidas y cómo gracias al minimalismo hemos podido centrarnos en ellos, para lo cual ofrecemos ejemplos personales sobre cómo hemos cambiado nuestras vidas en esos cinco aspectos.

El último capítulo del libro, «Confluencia», reúne estos cinco valores y plantea al lector algunas preguntas importantes sobre su vida. No son preguntas retóricas; están destinadas a hacerte pensar, tomar notas y hacer listas basadas en esas preguntas. Igualmente, como hemos dicho en el prólogo de este libro, te invitamos a participar activamente en todos los capítulos leyendo sus páginas más de una vez, escribiendo notas en los márgenes, subrayando pasajes significativos, elaborando tus propias listas y, lo más importante de todo, actuando.

En definitiva, lo que pretende este libro es que lleves a cabo pequeñas acciones todos los días que, con el paso del tiempo, mejorarán radicalmente tu vida.

Comencemos, ¿de acuerdo?

2. La salud

La importancia de la salud

La salud es el más importante de los cinco valores. ¿No nos crees? Vamos a demostrártelo.

Imagínate que te toca la lotería, que encuentras a tu alma gemela, que saldas todas tus deudas, que te mudas a la casa de tus sueños (en la playa, claro) y que ya no tienes que trabajar ni un solo día más en tu vida.

Ahora imagínate que mañana por la mañana te despiertas con un fuerte dolor de estómago. Te vas a la consulta del médico en tu coche de lujo y esperas a que te diga qué te pasa. «Te queda menos de un mes de vida», te dice. «Y es probable que a partir de hoy no puedas hacer mucho más que levantarte de la cama.» Qué triste... Cuando por fin tenías «todo lo que siempre quisiste», la falta de salud te lo arrebata de golpe, y todas tus posesiones no pueden hacer nada por ti. Sin salud, no puedes disfrutar ni siquiera de las cosas más simples de la vida.

Definir la salud

No somos expertos en salud. Este no es un libro de dietas y ejercicios físicos, aunque hacia el final de este capítulo puede que lo empiece a parecer, pero te aseguramos que no es esa nuestra intención. Sin embargo, sí creemos que tu salud es el mejor lugar para comenzar tu viaje hacia una vida con más sentido. Queremos que disfrutes de tu vida, y llevar una vida saludable te brinda las condiciones óptimas para que puedas hacerlo. Todo lo que contiene este capítulo se basa en nuestras experiencias personales –en cuanto a adelgazar, ejercicio físico, cambios de dieta y cambios en el estilo de vida–, en lo que nos ha ayudado a nosotros y a otros a vivir una vida con más sentido.

Cuando en este libro utilizamos el término general *salud*, nos referimos a *salud física*, aunque reconocemos que la salud va bastante más allá de lo físico: *salud emocional, salud mental, salud espiritual* y *salud económica* son todos ellos conceptos amplios que constituyen importantes maneras de enriquecer tu vida. Si bien estos conceptos no se abordan directamente en las páginas de este libro, los discutimos en gran detalle en nuestra web (consulta minimalists.com/understanding [salud emocional], minimalists.com/dan [salud mental], minimalists. com/sam [salud espiritual] y minimalists.com/freedom [salud económica] para discusiones en profundidad sobre cada tema).

La salud no es un objetivo

A menudo tenemos una visión errónea y binaria de la salud física. Un ejemplo: una lectora se molestó a raíz de una «señal» que incluimos en nuestro artículo «11 Signs You Might Be Broke» [«11 señales de que usted podría estar resquebrajándose»] (minimalists.com/broke). No le gustó lo que habíamos escrito sobre la salud y dijo: «Normalmente soy una gran admiradora [de Los Minimalistas], pero este artículo me molestó mucho porque […] criticaba bastante a las personas enfermas […] El artículo podría haber sido mejor si se hubieran limitado a diez puntos».

Pero, querida lectora, ¡la salud es lo más importante de todo el artículo! Sin salud no tenemos nada. Aunque, por supuesto, la «salud» es un continuo: es diferente para cada uno de nosotros. La salud personal es, por definición, personal.

La afirmación en el ensayo «Poco saludable equivale a decaimiento» no significa que comparemos nuestra salud personal con la de los demás (las comparaciones a menudo no son saludables y deben evitarse) y ciertamente no juzgamos negativamente a nadie que esté enfermo. Todo lo contrario, todos queremos tener la mejor salud posible a partir de nuestras circunstancias únicas.

Por ejemplo, Joshua se lesionó la espalda jugando a baloncesto cuando estaba en secundaria, hace veinte años, y todavía hoy tiene una vértebra rota, que, además de ser dolorosa, limita considerablemente su capacidad de movimiento en comparación, por ejemplo, con un gimnasta o un atleta, o simplemente con cualquier treintañero. A veces casi no puede atarse los zapatos.

Sin embargo, eso no significa que Joshua no deba esforzarse por estar lo más sano posible dentro de sus limitaciones. En este sentido, la salud es una cuestión de perspectiva, y, si queremos ser felices, todos debemos esforzarnos por ser las versiones más sanas de nosotros mismos, huesos rotos, enfermedades, verrugas y todo lo que se quiera. De hecho, internet está lleno de brillantes ejemplos de personas que sufren enfermedades y discapacidades o tienen la espalda lesionada que viven vidas con sentido porque viven de la manera más sana posible de acuerdo con sus situaciones individuales.

También vale la pena señalar que cuando hablamos de salud, no estamos hablando de músculos envidiables o de estadísticas mejoradas o de competir con otros. Eso son resultados finales, objetivos. Pero la salud no es un objetivo que tengamos que alcanzar; es un vehículo.

Bien, de acuerdo, seguramente Joshua nunca llegará a la NBA con su espalda lesionada (por no hablar de sus mediocres habilidades para manejar la pelota), pero eso no significa que deba sentirse derrotado, incapaz, roto. No, significa que debe cuidar el vehículo del que dispone, poniéndolo a punto regularmente (estiramientos diarios, ejercicio regular y ocasionales visitas al masajista, así como una buena dieta, dormir las horas suficientes y meditar todos los días), lo que le ayudará a disfrutar mejor el viaje que le espera.

Los ingredientes principales

Para decirlo de la manera más simple, hay dos ingredientes que son fundamentales para vivir una vida sana: *comer* y *hacer ejercicio*. En otras palabras: lo que *introducimos* en nuestro cuerpo y lo que *hacemos* con nuestro cuerpo.

Puede que esto suene demasiado simplista –a primera vista lo es–, pero, fundamentalmente, las dos cosas que más afectan a tu salud física son lo que comes y el ejercicio que haces. Esto ya lo sabes, al menos intelectualmente, pero este capítulo está pensado para ayudarte a sentirlo emocionalmente y para darte herramientas simples que te ayuden a mejorar tu salud.

Sentirte mejor

El deseo de mejorar la salud tiene poco que ver con tener un *aspecto mejor*. Eso no es lo que nos interesa cuando hablamos de *estar sano* o de *vivir una vida saludable* (aunque, casi siempre, la persona que empieza a vivir una vida más saludable también empieza a verse mejor casi inmediatamente, lo cual es una enorme ventaja). Estamos mucho más interesados en cómo te *sientes*. Queremos que te *sientas* mejor; que te *veas mejor* es una agradable consecuencia que tienes garantizada a partir de que empieces a sentirte mejor.

Así que en estas páginas nuestro interés no son los músculos dignos de las revistas de moda, sino que lo que nos interesa es cómo te sientes. Sabemos que si te sientes mejor disfrutarás de todas las otras facetas de tu vida.

Lo que introduces en tu cuerpo

Ten en cuenta que en los siguientes apartados utilizamos el término *dieta* para describir un estilo de vida dietético (es decir, un cambio en lo que consumes cotidianamente). Sin embargo, no usamos la palabra *dieta* para describir una serie de comidas planificadas prescritas temporalmente que te llevarán a un objetivo específico de pérdida de peso (por ejemplo, perder quince kilos en treinta días).

Un cambio en el estilo de vida dietética no es solo un cambio en lo que consumes, es también un cambio en cómo *piensas sobre* lo que consumes. Una dieta temporal casi siempre falla cuando pasas a la fase post-dieta. Un cambio de estilo de vida, por definición, no puede fallar, a menos que hagas un cambio negativo a partir de entonces.

También es importante saber que no existe un modelo dietético único e ideal a seguir para vivir una vida más saludable. Esto frustra a algunas personas porque es mucho más fácil que se les diga lo que tienen que comer; es mucho más fácil seguir una serie de directrices de las cuales no te puedes desviar.

En los siguientes apartados nos centraremos en los alimentos (seguidos de varios apartados sobre ejercicio físico), pero el título del apartado anterior no se refiere solo a comida, y lo hace de forma intencionada, ya que lo que *introduces en tu cuerpo* abarca más que la dieta. Es importante tener consciencia de todo lo que introduces en tu cuerpo, cualquier cosa que ingieras, sean alimentos o medicamentos, así como cualquier cosa que se meta en tu cuerpo de cualquier otro modo (por ejemplo, a través de la piel).

Recuerda, aquí lo que queremos no es adelgazar o que consigas un físico más atractivo, lo que queremos es que vivas una vida más saludable y que te sientas mejor.

Alimentos que se deben evitar

Con respecto a los alimentos que consumes, e independientemente de tus necesidades o requisitos dietéticos, hay ciertos alimentos que debes eliminar por completo de tu dieta si deseas sentirte mejor.

Alimentos procesados envasados. Lo que comemos debe estar lo más cerca posible de su estado original. Los aditivos y conservantes de los alimentos envasados no aportan ningún valor nutricional a tu dieta, y los productos químicos que contienen algunos de estos alimentos pueden ser perjudiciales para tu salud a largo plazo.

Azúcar. Están incluidas todas las variedades de azúcar común (de caña, moreno, etc.), así como cualquier cosa que sea dulce (cola, pasteles, caramelos, etc.).

Reducir o eliminar drásticamente

Esta parte es la que suele ser más difícil de seguir, porque es más fácil ayunar que hacer una dieta. En consecuencia, es más fácil eliminar por completo ciertos alimentos de la dieta («¡No me dejan comer esto!») que reducir el consumo de algo («¡Bueno, un plato más de pasta no me va a matar!»). Ese tipo de pensamiento hace que reducir sea una pendiente muy resbaladiza, que a menudo conduce a un consumo regular. Reconocemos que eliminar los siguientes elementos de tu dieta puede no ser lo ideal, pero siempre puedes eliminarlos durante solo diez días (cualquier cosa es posible durante diez días, ¿no crees?) y reintroducir luego pequeñas cantidades si es necesario.

Gluten, pan y pastas. Muchas personas son alérgicas o sensibles al gluten sin ni siquiera saberlo. En 2008, Joshua descubrió que era alérgico al gluten después de sufrir varios problemas estomacales que empeoraban gradualmente. Su doctor le informó de que era alérgico al gluten y, una vez que lo eliminó de su dieta, notó una gran diferencia en cómo se encontraba. Además, los panes y las pastas (incluso las raras variedades sin gluten) añaden carbohidratos y azúcares innecesarios a la dieta, que engordan. El pan y la pasta son alimentos procesados que muchas veces son difíciles de digerir para nuestros cuerpos. Nosotros dos solemos comer pequeñas cantidades de arroz en lugar de pan y pasta.

Cualquier bebida que no sea agua. Café, té con cafeína, refrescos, zumos embotellados, etcétera. Ninguna de estas bebidas es agua. La mayoría agrega calorías innecesarias a tu dieta, y nunca te van a hidratar como el agua.

Productos lácteos. No es necesario ser vegano para llevar una vida sana. De hecho, nosotros dos consumimos pequeñas cantidades de lácteos de vez en cuando (aunque hemos reducido drásticamente el consumo de estos productos). Pero hazte la siguiente pregunta: ¿por qué los humanos son los únicos animales que consumen leche materna de otro animal? ¿Crees que el sistema digestivo humano está diseñado para digerir leche de vaca? ¿Por qué no eliminas los lácteos de tu dieta durante diez días y te fijas en si notas alguna diferencia?

Carne. El consumo de carne es polémico. Nosotros dejamos de comer carne como un experimento hace unos cuantos años y notamos resultados fenomenales, por lo que nunca volvimos a comerla (aparte de pescado, de lo que hablaremos en los siguientes apartados). El mejor consejo que podemos darte es que lo pruebes tú mismo, deja de comer carne durante al menos diez días y nota la diferencia. Entonces decide por ti mismo.

Incorpora más

Nosotros sustituimos los alimentos que hemos reducido o eliminado por otros alimentos alternativos más saludables y que nos gustan.

Agua. Te recomendamos que bebas al menos la mitad de tu peso corporal en gramos todos los días. Si pesas 70 kilos, bebe al menos 3,5 litros de agua.

Bebidas verdes. ¿Quieres una inyección de energía? ¿No comes verdura diariamente? Tómate una bebida verde. Nos gusta Amazing Grass Green Superfood, que lleva una gran cantidad de las vitaminas y nutrientes que necesitas todos los días. Solo tienes que mezclar una cucharada o dos con un vaso de agua, bébetelo y nota la diferencia. Nosotros nos bebemos al menos un par todos los días. Notarás inmediatamente una diferencia en cuanto a energía y vitalidad. Las bebidas verdes también te ayudan a saciar el hambre y en consecuencia a evitar que comas en exceso.

Batidos frescos. Consigue un NutriBullet y úsalo a diario. Una buena licuadora es una estupenda manera de agregar cantidades copiosas de col rizada, espinacas y otros vegetales ricos en nutrientes a tu dieta. ¿Una buena licuadora es demasiado cara? Vende algún trasto inútil y cómprate una: estamos seguros de que la licuadora te va a aportar más valor a tu vida que cualquiera de los cachivaches que no usas.

Verduras. Las verduras tienen pocas calorías y muchas vitaminas y nutrientes esenciales. Come toda la verdura sin almidón que quieras; son beneficiosas.

Semillas y legumbres. Las semillas y las legumbres añaden proteínas y carbohidratos saludables a la dieta. También te ayudan a sentirte lleno y a no comer demasiado.

Fruta. Las frutas son traicioneras. Son saludables, puesto que contienen las vitaminas, ácidos y agua necesarios, pero también contienen azúcar natural. Por lo tanto, un par de piezas de fruta al día puede ser una alternativa saludable a los dulces, pero te recomendamos reducir el consumo de fruta si es una de tus principales fuentes de alimentación.

Pescado. Algunos pescados, como el salmón, contienen los cruciales ácidos grasos omega-3, que se ha demostrado científicamente que reducen el riesgo de sufrir enfermedades coronarias. Los ácidos grasos omega-3 también ayudan a mantener los niveles recomendados de triglicéridos. Además, el pescado es una gran fuente de proteínas. Dicho esto, recomendamos evitar ciertas especies que se alimentan de lo que encuentran en el fondo marino (gambas, cangrejos, langostas, etc.) porque son como los basureros del mar, ingieren todo lo muerto que se hunde hasta el fondo.

Alimentos orgánicos. Los alimentos orgánicos no contienen pesticidas ni otros productos químicos, por lo que es recomendable consumirlos siempre que puedas; cuantos menos químicos introduzcas en tu cuerpo, mejor.

Dietas especiales

Insistimos, no te pedimos que vivas siguiendo una «dieta» a rajatabla. Tampoco suscribimos ningún tipo de dieta en particular como si fuera la panacea universal. Lo que nosotros creemos es que cada persona tiene unas necesidades dietéticas diferentes, razón por la cual te animamos a experimentar con diferentes elementos de tu dieta hasta que encuentres los resultados que buscas (o sea, hasta que te sientas mejor, hasta que te sientas sano). Además de evitar, reducir, eliminar o incorporar los alimentos a los que nos hemos referido antes, te presentamos un ejemplos de cinco dietas con las que hemos visto excelentes resultados.

Vegetarianismo. La mayoría de la gente sabe lo que es el vegetarianismo, aunque existe una gran gama de este tipo de dieta. Fundamentalmente, una dieta vegetariana excluye la carne, pero puede incluir otros productos de origen animal, como lácteos y huevos.

Veganismo. La dieta de una persona vegana no incluye ningún producto de origen animal (carne, lácteos, huevos, miel, etc.). Los dos experimentamos con una estricta dieta vegana durante un año (fue una apuesta de un dólar entre nosotros dos, y Ryan ganó), y los resultados fueron asombrosos: nos sentíamos más energéticos, Ryan se adelgazó considerablemente, Joshua se mantuvo en un peso ideal y, lo más importante de todo, ambos nos sentíamos mejor. A partir de ese experimento, decidimos incorporar a nuestra dieta algunos productos lácteos, huevos y pescado, lo que nos lleva a la siguiente dieta.

Pescetarianismo. Esta es esencialmente la dieta que ambos seguimos en estos momentos. Los pescetarianos son vegetarianos que comen pescado. También consumimos algunos productos lácteos, aunque bastantes menos que antes.

Paleo. Aunque ninguno de los dos suscribimos esta dieta (porque no comemos carne), tenemos amigos que han logrado resultados satisfactorios al seguir algún tipo de dieta paleo o primitiva. La dieta paleo imita el tipo de alimentación de la mayoría de las personas que habitaban la Tierra antes de la revolución agrícola (hace apenas quinientas generaciones). Estos alimentos (frutas frescas, verduras, carnes magras y mariscos) son ricos en nutrientes beneficiosos que favorecen una buena salud. La dieta paleo contiene pocos alimentos que suelen engordarnos y que provocan enfermedades cardiovasculares, diabetes y muchos otros problemas de salud (azúcares y cereales refinados, productos lácteos, grasas transgénicas, sal, carbohidratos altamente glucémicos y alimentos procesados). Suele recomendarse a quienes una dieta paleo que sustituyan los productos lácteos y los cereales por fruta fresca y verduras, alimentos más nutritivos que los cereales integrales o que los productos lácteos. Para obtener más información, visita paleoplan.com.

Ayuno intermitente. El ayuno intermitente es un patrón de alimentación en el que se alternan períodos de ayuno (en los que solo se consume agua) y de no ayuno. Por ejemplo, una persona que ayune intermitentemente puede que no coma nada durante dieciséis horas al día y que luego haga dos o tres comidas dentro de un período de ocho horas. Por lo tanto, cualquiera de los cuatro tipos de vida dietéticos mencionados anteriormente podría practicarse haciendo ayuno intermitente. Las personas que prueban esta dieta (aunque solo sea durante diez días) suelen obtener resultados fantásticos. Mientras preparábamos la primera edición de este libro, Joshua comenzó a seguir esta dieta y obtuvo resultados increíbles aproximadamente en una semana (menos grasa corporal, un barriga más plana y músculos más tonificados). Martin Berkhan ha logrado resultados increíbles haciendo ayuno intermitente (incluidos resultados en relación con la masa muscular que exceden el alcance de este libro). Si quieres saber más sobre el ayuno intermitente y conocer la historia de Martin Berkhan, visita leangains.com.

Desarrollar hábitos alimentarios diarios

Los cambios dietéticos muy drásticos suelen fracasar a largo plazo porque son agobiantes, por lo que la gente los considera demasiado difíciles de mantener. En lugar de proponerte un plan de dieta, te animamos a que cambies tu dieta durante diez días seguidos cada vez (cualquiera es capaz de cambiar algo durante diez días, ¿no crees?). Experimenta con los estilos de vida dietéticos mencionados (no con *planes* de dieta) y proponte cumplir la dieta más adecuada para ti. La dieta no es algo que hagas; es la manera en que vives tu vida con relación al consumo de alimentos. Tu estilo de vida dietético es un cambio permanente, no algo que adoptas de forma temporal.

Así pues, la dieta está determinada por los hábitos diarios según los que vives. Una vez que adoptes un estilo de vida dietético saludable, te sentirás mejor y tu cuerpo te lo agradecerá. La comida nos nutre, así pues no debemos considerarla entretenimiento.

Fármacos, drogas y productos químicos

Echa un vistazo a tu botiquín. ¿Qué tipo de medicamentos tomas? ¿Cuántas pastillas consumes al día? ¿Por qué las tomas? ¿Existen alternativas? Si es así, ¿las has probado? Si el doctor te prescribió algún medicamento, ¿le preguntaste por qué?, ¿pediste una segunda opinión?

O peor todavía: ¿Fumas? ¿Consumes demasiado alcohol? ¿Usas drogas regularmente? Si es así, ¿por qué?

Pecaríamos de negligentes si no ahondáramos en este tema y no te pidiéramos que te plantearas estas preguntas. Algunos medicamentos son importantes y salvan vidas, pero muchos otros –junto con su variada lista de efectos secundarios– son innecesarios y se pueden evitar con una dieta y ejercicio físico adecuados. Además, si haces cosas que dañan a tu cuerpo, pagarás un precio por ello.

Qué haces con tu cuerpo

Todos sabemos que sentarnos en el sofá, hincharnos de comer patatas fritas y ver televisión no es el camino hacia un estilo de vida saludable. Pero existe la idea errónea de que para estar sano hay que vivir sumergido en un ejercicio continuo y constante, como si hiciera falta correr ocho kilómetros todos los días, ir al gimnasio siete días a la semana y ser capaz de levantar un pequeño vehículo europeo para estar en forma. No es verdad.

Definamos el ejercicio físico

No nos interesa el culturismo. Lo que nos interesa es estar sanos, estar en forma y sentirnos bien con nuestro estado físico. En los últimos años, hemos probado varias cosas que nos han funcionado (y muchas otras cosas que no), y durante este tiempo hemos visto que los factores más importantes del éxito no se medían por kilos en una escala, sino por dos cosas:

1. ¿Mejoramos constantemente nuestra forma física?
2. ¿Estamos contentos con nuestro progreso?

Así es como medimos nosotros nuestro éxito. Porque, reconócelo, podrías adelgazarte hasta quedar como un figurín, pero aun así no estar contento con tu forma física. De hecho, esto es lo que le pasó a Joshua.

Gracias a una combinación de pescetarianismo y ayuno intermitente, Joshua perdió unos treinta kilos en un periodo de varios años. De entrada suena genial, y no hay duda de que fue positivo. Pero a sus veintiocho años y a pesar de que estaba bastante delgado, tenía una musculatura flácida, fofa y débil. Sin embargo, durante dos años puso en práctica una serie de pequeños hábitos, simples y cotidianos, gracias a los cuales al cumplir treinta años estaba en la mejor forma de toda su vida.

Hábitos de ejercicio diario

A lo largo de los años, los dos hemos probado diferentes técnicas de ejercicio físico para mejorar nuestra salud. Hemos ido al gimnasio de cuatro a seis veces por semana. Hemos intentado correr, levantar pesas y practicar diferentes deportes. Y la buena noticia es que todo funciona. Sí, claro, algunos métodos funcionan mejor que otros, pero cualquiera de ellos ha sido mejor que no hacer nada en absoluto (que a menudo era lo que hacíamos antes, *nada*).

Después de experimentar con diferentes tipos de ejercicios durante dos años y de hablar con varios entrenadores personales, Joshua escribió un artículo titulado «18 Minutes Minimalist Exercises» [«18 minutos de ejercicios minimalistas»], sobre sus hábitos diarios de ejercicio que practicaba todos los días, en el que describía sus sencillas rutinas, así como los tres principios y los cuatro ejercicios que practica día sí, día también.

Los principios básicos del ejercicio físico de Joshua

Disfruta del ejercicio. Solo hago ejercicios con los que disfruto. No me gusta correr, así que no corro. Lo intenté durante seis meses y descubrí que no era para mí. Si me ves corriendo, llama a la policía porque es que alguien me está persiguiendo. En cambio, he encontrado otras maneras de hacer cardio: camino todos los días, practico en la máquina elíptica en el gimnasio y hago ejercicios de musculación sin pesas que incorporan cardio.

El ejercicio alivia el estrés. Utilizo el ejercicio físico como principal herramienta para eliminar el estrés. Me encanta ir al gimnasio (o al parque) por la noche si me siento tenso o estresado. Hacer ejercicio al final de un día largo y agobiante siempre me proporciona el tiempo de estar solo para reflexionar sobre lo que es importante.

La variedad favorece el placer de practicar ejercicio. Cuando comencé a hacer ejercicio, iba al gimnasio tres veces a la semana, lo cual sin duda era mejor que no hacer nada. Luego, cuando me lo tomé más en serio, iba todos los días, aproximadamente seis veces por semana (incluso cuando trabajaba setenta horas semanales). Pero esta rutina implicaba dedicarle demasiado tiempo, y repetir los mismos ejercicios una y otra vez al final me hizo sentir estancado. Actualmente hago una mezcla: camino bastante todos los días y sigo yendo al gimnasio varias veces a la semana, pero la variedad de mis dieciocho minutos de ejercicio diario ha marcado la diferencia.

Los dieciocho minutos de ejercicios de Joshua

La verdad, dieciocho minutos suena como una cifra arbitraria... porque lo es. Cuando empecé a hacer estos ejercicios de musculación corporal sin pesas, no tenía pensado ningún tiempo concreto. Pero me cronometré y descubrí que casi siempre a los dieciocho minutos estaba agotado. Por lo tanto, estos son mis ejercicios de dieciocho minutos, que pueden practicarse sin excepción en la sala de estar, al aire libre o casi en cualquier sitio..., incluso bajo la lluvia.

Durante mis dieciocho minutos de ejercicios, suelo alternar entre los que describo a continuación. Desde luego puedes amenizarlos con tus propios ejercicios favoritos. Y, sí, estos ejercicios son adecuados tanto para hombres como para mujeres.

Flexiones. Hace dos años no podía hacer ni una sola flexión. A lo mejor un día podía hacer una (después de semanas de flexiones modificadas). Al cabo de un tiempo, llegué a diez y luego a veinte. Ahora puedo hacer entre cincuenta y cien lagartijas seguidas. Intento hacer de tres a cinco series cada día, lo que da como resultado aproximadamente trescientas flexiones dentro de mis dieciocho minutos.

Tracción en barra fija (dominadas). Hace dos años, pensaba que nunca sería capaz de hacer una dominada. Finalmente, aprendí cómo hacerlas colgándome de una barra y así, poco a poco, fui ganando fuerza. Pronto pude hacer dos y luego cuatro. Ahora puedo hacer entre doce y veinte seguidas, de tres a cinco series cada día, lo que da como resultado entre cuarenta y sesenta dominadas en mis dieciocho minutos. A menudo utilizo las barras que hay en los parques o una barra para dominadas que tengo en casa. Antes odiaba las dominadas; ahora es mi ejercicio favorito.

Sentadillas. Hace poco he empezado con las sentadillas de musculación corporal, y ya noto una gran diferencia. Ahora mismo solo hago tres o cuatro series de entre veinte y treinta, pero pienso seguir progresando y mejorando.

No tengo una rutina o plan concreto, solo me tomo un descanso de treinta segundos entre serie y serie, rebotando de un ejercicio al siguiente. Al cabo de unos dieciocho minutos, estoy completamente agotado, y después me siento la mar de bien. Tengo esa sensación increíble de cansancio que experimentas después de un gran entrenamiento. Lo que antes era un aburrimiento ahora es estimulante.

Siempre puedes subir de nivel, incluso si solo consigues hacer una flexión o una dominada. Todo el mundo tiene dieciocho minutos al día para centrarse en su salud, ¿no te parece?

Dormir

Las personas solemos renunciar al sueño para «conseguir» lo que sea que queramos conseguir. Pero si lo que deseas es vivir una vida sana, en condiciones óptimas para experimentar y disfrutar de tu día a día, necesitas un descanso adecuado.

La cantidad de sueño que necesita el cuerpo varía según cada individuo. Algunos de los estudios más convincentes que hemos leído señalan que debemos dormir entre ocho y diez horas todas las noches. El mejor artículo que conocemos sobre el sueño se titula «How to Get Smarter, Sleep More, and Get More Sex» [Cómo ser más inteligente, dormir más y tener más sexo], de Julien Smith, y puedes encontrarlo en inoveryourhead.net/sleep-is-awesome/.

Los imprescindibles de la salud

Creemos firmemente en convertir los «tendría que» en «tengo que». Cuando queremos cambiar un hábito, ya sea una dieta, la práctica de ejercicio físico o cualquier otra cosa, este cambio es el punto de inflexión. Es el punto en el que creas suficiente palanca; el punto en el que algo que aplazas se vuelve urgente, necesario, vital. Este es el punto en el que el cambio se convierte en una necesidad.

En nuestra web, animamos a las personas a crear listas de cosas que tienen que hacer en diferentes aspectos de la vida (o sea, te recomendamos que te hagas una lista de las cosas que has aplazado y que conviertas esos «tendría que», en «tengo que», busca la motivación que necesitas para ser capaz de tomar medidas). Hay muy pocas cosas de obligado cumplimiento con respecto a tu salud, y son todas bastante amplias:

Adoptar una dieta nutricional sana.

Hacer ejercicio regularmente para estar sano.

Eliminar las sustancias nocivas.

Tratar a tu cuerpo como si fuera tu posesión más preciada, porque lo es.

Te recomendamos que hagas tu propia lista. ¿Qué tienes que hacer para experimentar una vida mejor y más saludable?

3. Las relaciones personales

La importancia de las relaciones personales

Las relaciones personales son el más importante de los cinco valores. ¿No nos crees? Vamos a demostrártelo.

Imagínate que te ha tocado la lotería, que nunca has estado en mejor forma física, que ya no tienes deudas, que te mudas a la casa de tus sueños (en la playa, claro) y que ya no tienes que trabajar ni un día más en tu vida.

Ahora imagínate que te despiertas mañana y no tienes a nadie con quien compartir tu nueva vida. No tienes amigos. No tienes familia. No tienes seres queridos. Qué triste… Cuando por fin habías conseguido «todo lo que siempre quisiste», no tienes a nadie con quien compartirlo. Sin relaciones personales, no puedes vivir una vida plena y con sentido.

Definamos las relaciones personales

A veces se utiliza la palabra *relación* para referirse a una relación física o íntima, pero en este libro damos al término una definición más amplia: las relaciones son las personas con las que tienes un contacto frecuente, las personas que te rodean (amigos, socios, cónyuges, amantes, compañeros de habitación, compañeros de trabajo, conocidos o cualquier persona con la que interactúes regularmente).

Todos queremos ser amados. Todos queremos amar. Y todos queremos contar con otras personas con quienes compartir nuestras experiencias. Algunas personas (especialmente las extrovertidas, como Ryan) desean el amor y la atención de muchas relaciones (de la familia, de amigos cercanos, de la pareja, de alumnos y subordinados, etc.), mientras que otras (especialmente las introvertidas, como Joshua) desean la conexión más cercana de unas pocas relaciones escogidas. No hay deseos correctos o incorrectos: tu deseo se basa en tus preferencias, y no importa quién seas, todos necesitamos relaciones personales para prosperar.

Reflexionar sobre las relaciones pasadas

El pasado no es igual que el futuro. Vivir en el pasado es como conducir usando solo el espejo retrovisor; si no miras hacia adelante, al final chocarás.

Por eso tus relaciones pasadas no son necesariamente representativas de tus relaciones futuras. Es una buena noticia. La mayor parte del tiempo no piensas en por qué mantienes una relación en particular: llegaste allí y aceptas que es ahí donde estás, incluso si la relación te hace infeliz.

Pero siempre puedes aprender de tus relaciones pasadas. Los buenos momentos te dicen qué es lo que funcionó bien y te proporcionan una estrategia con la que puedes configurar tu futuro. Y los malos momentos te ayudan a identificar las cosas que salieron mal y te brindan claves y pistas sociales mediante las cuales puedes evitar malas relaciones en el futuro. Todo se ve más claro con la perspectiva del tiempo.

Tres maneras de lograr unas relaciones mejores

Hay tres maneras de lograr que nuestras relaciones personales sean mejores:

1. Encontrar relaciones nuevas positivas.
2. Transformar tus relaciones actuales.
3. Cambiar tú.

A lo largo de todo este capítulo analizaremos las tres posibilidades.

Evaluar las relaciones actuales

Ha llegado el momento de mirar con sinceridad tus relaciones actuales. ¿Te hacen feliz? ¿Te satisfacen? ¿Te sirven de apoyo? ¿Te ayudan a crecer? ¿Contribuyen a tu vida de modo positivo y satisfactorio? Como todas estas preguntas tienen importancia, conviene que las tengas en cuenta al evaluar tus relaciones actuales.

Prueba lo siguiente: haz una lista con tres columnas para cada una de las relaciones, grandes o pequeñas, en las que participas actualmente:

Nombre. En la primera columna escribirás el nombre de la persona. Primero llena esta columna. Piensa en todas las personas con las que interactúas regularmente. Familia, amigos cercanos, pareja, compañeros de trabajo, jefes, profesores, ese tipo que se sienta siete mesas hacia delante que se hurga la nariz cuando cree que nadie lo está mirando. Piensa en cada aspecto de tu vida. ¿Con quién interactúas? En esta columna puedes tener veinte personas o cuatrocientas. Sea como sea, dedícale un poco de tiempo y crea tu lista.

Significante. Cuando hayas acabado la primera columna, céntrate en la segunda, en la que escribirás para cada persona uno de estos tres adejtivos: *principal*, *secundaria* o *periférica*. Las relaciones *principales*, buenas o malas, son tus relaciones más cercanas. Es muy probable que este nivel incluya a tu pareja, familiares inmediatos y cercanos, y amigos muy íntimos. Tus relaciones *principales* son los personajes principales de la película de tu vida.

El nivel *secundario* está compuesto de relaciones parecidas a las del nivel principal, pero que tienen un valor menor por una serie de razones. Estas relaciones pueden incluir a tus amigos cercanos, a tu jefe, a algunos compañeros de trabajo concretos y a parientes más lejanos. Tus relaciones *secundarias* son el reparto de apoyo.

Lo más probable es que la gran mayoría de las personas de tu vida aparezcan en la tercera categoría: la periférica. A ella pertenecen casi todos los compañeros de trabajo, vecinos, miembros de tu comunidad, conocidos, parientes muy lejanos, etc. Son los personajes de menor relevancia (y, ocasionalmente, los extras) en el reparto de tu vida. Tiendes a respetar sus opiniones y encuentras al menos algo de valor en estas relaciones.

Efecto. La tercera y última columna de tu lista se refiere a los efectos que tienen tus relaciones sobre tu vida. Tienes que decidir entre uno de estos tres efectos: *positivo*, *negativo* o *neutro*.

Las relaciones con efectos *positivos* te hacen feliz y te ayudan a crecer.

Las relaciones con efectos *negativos* te hacen sentir infeliz, insatisfecho, frustrado o descontento. Pueden ser un obstáculo para tu crecimiento personal.

Las relaciones con efectos *neutros* están en algún lugar entre las positivas y las negativas. No necesariamente te hacen infeliz, y la mayoría de veces te provocan emociones ambiguas o contradictorias.

Es importante darse cuenta de que muchas relaciones cercanas y principales pueden ser neutras o negativas. Eso no quiere decir que esas relaciones no puedan cambiar, pero el hecho de que alguien esté muy cerca de ti no significa que fomente una relación positiva: algunas de las relaciones más negativas están entre los dos niveles superiores. Por el contrario, aunque muchas de tus relaciones *periféricas* estarán dentro de la categoría neutra, habrá relaciones en ese nivel que pueden brindarte gran placer, lo que resulta en una relación *periférica positiva*.

Qué hacer con tus relaciones actuales

Cuando hayas terminado la lista, revísala y responde algunas preguntas importantes:

> ¿Cuántas relaciones tienes?
>
> ¿Por qué tienes tantas (o tan pocas)?
>
> ¿Qué porcentaje representan las relaciones principales?
>
> ¿Qué porcentaje representan las relaciones secundarias?
>
> ¿Qué porcentaje representan las relaciones periféricas?
>
> ¿Qué porcentaje representan las relaciones positivas?
>
> ¿Qué porcentaje representan las relaciones negativas?
>
> ¿Qué porcentaje representan las relaciones neutras?

Cuando hayas contestado a estas preguntas, habrá llegado el momento de dividir y ganar.

Está claro que tus relaciones importantes, negativas o positivas, se encuentran en los dos niveles superiores, y que las más importantes están en el grupo de las principales. Pero desgraciadamente, como la mayoría de tus relaciones pertenecen a la categoría de periféricas, probablemente pasas la mayor parte del tiempo con las personas de dicha categoría. En consecuencia, si eres como la mayoría, dedicas la mayor parte de tu tiempo, de tu esfuerzo y de tu atención al grupo de personas que menos te importan.

Aquí tiene que producirse un cambio.

Primero, echa un vistazo a cada una de las personas periféricas. ¿Hay alguna a la que te gustaría ver desempeñando un papel más importante en tu vida? ¿Son personas que te gustaría que estuvieran en tu nivel principal o secundario? Si es así, ¿qué medidas tienes que tomar para fortalecer estas relaciones? ¿Qué debes hacer para ayudar a que estas relaciones crezcan? Tómate un momento y piensa en estas relaciones.

Cuando hayas descubierto cuáles son las relaciones periféricas que deseas trasladar a los dos niveles superiores, es importante que seas consciente del papel que ejercen las demás personas del grupo periférico. Son personas que te importan, personas a las que deseas lo mejor, pero también son personas que se llevan la mayor parte de tu bien más preciado: tu tiempo. Por lo tanto, es imprescindible que dediques menos tiempo a este grupo y centres tu atención en los niveles principal y secundario (incluidas las personas del grupo periférico a las que quieras trasladar a esos niveles). Para algunas personas, esto puede implicar tener que decir *no* más a menudo o rechazar compromisos futuros. Para otros, podría requerir una reunión informal para explicarles que necesitas tiempo para centrarte en otros aspectos de tu vida. La idea aquí es centrarse en crear relaciones significativas, relaciones que se mantengan en los dos niveles superiores.

Del mismo modo, habrá personas en tus dos primeros niveles, principal y secundario, que probablemente no pertenezcan a ellos. Dependerá de ti decidir qué papel desempeñan estas personas en tu vida. Esto es especialmente cierto para las relaciones que hayas etiquetado como negativas.

Es importante recordar que tus relaciones no permanecerán estáticas el resto de tu vida. Las personas entrarán en tu vida y saldrán de ella, y cambiarán su nivel de relación contigo a medida que ellas y tú crezcáis. Muchas personas que eran especialmente importantes para ti hace diez años hoy en día lo son mucho menos, ¿no es verdad? Por otro lado, tus relaciones futuras continuarán desplazándose, cambiando y creciendo. Por ello es importante que desempeñes un papel activo en este proceso, que participes conscientemente en la selección de tus relaciones, lo que a menudo implica tomar decisiones difíciles con respecto a las personas que están en tus dos niveles superiores.

Las relaciones más importantes

Tus relaciones principales son, con diferencia, las relaciones más importantes en tu vida. Es tu equipo central: las personas más importantes para ti. El resto de este capítulo analiza estas relaciones principales (presentes y futuras). Son las personas a las que amas, las personas por las que harías cualquier cosa. Dentro de estas relaciones suelen encontrarse:

Relaciones íntimas. Pareja, cónyuge o esa persona que es tan importante para ti en el terreno emocional. En general, es la relación más importante de nuestra vida y por lo tanto debemos darle el trato que merece.

Amigos íntimos. A menudo nos referimos a ellos como a nuestro mejor amigo o mejores amigos. Este grupo de amigos más íntimos suele estar formado por menos de cinco personas a las que uno se siente muy cercano y a las que quiere profundamente. Esa frase común que tus padres te repetían, que los amigos de verdad se pueden contar con los dedos de una mano, suele ser cierta.

Familia inmediata. Padres, hijos y otros familiares cercanos entran en esta categoría.

Un comentario sobre tus relaciones secundarias: las relaciones secundarias también son importantes (bastante más importantes que las periféricas), pero tienes que dedicarles tu tiempo y atención solo después de haber cumplido tus compromisos con tus relaciones principales. Estas últimas son tu principal prioridad. Esto puede implicar que tengas que desplazar a una o dos personas del nivel secundario al nivel principal (o viceversa), si es necesario.

Cambia tú, no quieras cambiar a los demás

Tú no puedes hacer que cambien las personas que te rodean, pero sí puedes cambiar a algunas personas que tienes alrededor.

A veces hay que deshacerse de ciertas relaciones, incluso de relaciones de gran valor. En ocasiones, las creencias o valores de una persona son radicalmente diferentes de los nuestros. Cuando se da este caso, está bien acabar con la relación o al menos cambiar los términos de la relación.

Todos cambiamos con el tiempo: a veces nos acercamos más a ciertas personas, a veces nos distanciamos, a veces nos desenamoramos, a veces evolucionamos juntos. El hecho de que una persona haya cambiado no significa que ya no te quiera, no significa que ya no te ame inmensamente, simplemente significa que ha cambiado.

Además, no puedes esperar que las personas cambien en todos los aspectos que a ti te gustaría. Está claro que algunas introducen mejoras radicales en sus vidas, pero tú no eres responsable, en ninguna de tus relaciones, de que el otro mejore para adaptarse a tus criterios, creencias o valores.

La única persona a la que puedes hacer cambiar eres tú. Cuando tú predicas con el ejemplo, las personas que te son más cercanas muchas veces te seguirán. Si mejoras la dieta, empiezas a hacer ejercicio, comienzas a prestar más atención a las relaciones que para ti son importantes y estableces estándares de relación más altos, te darás cuenta de que otras personas hacen lo mismo. Si la mejor versión de tu persona se muestra ante el público, lograrás sacar lo mejor de los demás.

Lamentablemente, habrá momentos en que ciertas relaciones no funcionarán: matrimonios, relaciones amorosas, amistades íntimas, relaciones entre empleados y jefes, relaciones con miembros de la familia, etcétera. Lo mejor que puedes hacer es cambiar tú (y no intentar «mejorar» a la otra persona). No tienes por qué mantener una relación si esta no te satisface. Ello no significa que no tengas que hacer un esfuerzo para llegar a la raíz de los problemas de esa relación; significa que puedes poner fin a la relación si no funciona.

Antes de modificar o acabar una relación, tienes que hacer una proyección de cómo te gustaría que fueran tus relaciones en el futuro. En los siguientes apartados nos centraremos en ideas concretas sobre cómo imaginar un nuevo futuro para tus relaciones.

Crecimiento de la relación

No importa lo positivas o negativas que sean tus relaciones actuales, siempre has de querer mejorarlas para que en el futuro sean excelentes. Incluso las mejores relaciones deben crecer para mantener el nivel de excelencia. De hecho, las mejores relaciones siempre están creciendo, y esta es precisamente una de las razones por las que son geniales. Si tus relaciones no crecen, se están muriendo, mientras que cuando crecen, te sientes vivo.

Buscar y escoger relaciones futuras

Sin una visión, las personas se pierden. Todos lo hemos oído antes. Lo mismo vale para nuestras relaciones, sobre todo para nuestras relaciones principales. Sin enfoque ni perspectiva, te conformarás con lo que tengas delante. Por lo tanto, necesitas un enfoque distinto de lo que esperas de tus relaciones: cómo quieres que sean. Si tu enfoque es lo suficientemente convincente, harás cualquier cosa para hacerlo realidad.

Hay tres cosas que tienes que tener en cuenta al buscar nuevas relaciones (o al mejorar las actuales):

¿Qué deseas? De entrada, parece una pregunta muy trillada, pero es crucial. Pon por escrito todo lo que esperas de tus relaciones principales (relaciones amorosas, amistades íntimas, etcétera). ¿Qué te parecen? ¿Qué te apetece que hagáis juntos? ¿Qué les pides en lo mental, en lo físico, en lo espiritual, en lo emocional? ¿Qué tipo de deseos deben tener estas personas? ¿Cuáles son sus creencias, valores, deseos, intereses, reglas, miedos?

¿Qué *no* debe ocurrir dentro de la relación? Puede que alguien reúna todo lo que tú esperas en una persona, pero si además tiene una creencia o un valor que tú no deseas tener en tu vida, eso puede malograr toda la relación. Por ejemplo, supongamos que conoces a alguien con quien empiezas una relación amorosa y esa persona parece tener todo lo que tú deseas, excepto que no es solidaria. Si resulta que tú no quieres tener a una persona insolidaria en tu vida, esa relación no va a funcionar a largo plazo. Ahora haz tu lista de cosas que no quieres que se produzcan en tus relaciones.

¿En quién tienes que convertirte para llegar a atraer a ese tipo de persona? Una vez que hayas identificado lo que quieres y lo que no quieres que se produzca, tendrás que determinar qué cambios tienes que hacer en tu propia persona para atraer a ese amigo o amiga, a ese amante o a cualquier otra relación que estés buscando. ¿Tienes que escuchar más? ¿Tienes que mejorar tu forma física? ¿Tienes que aprender a comunicarte mejor? Pon por escrito lo que debe cambiar en tu vida para atraer a estas nuevas relaciones.

Cuando hayas contestado estas tres preguntas, lee la lista todos los días. Es importante comprender lo que estás buscando, lo que quieres evitar y lo que debes cambiar dentro de ti para obtener estos resultados.

Lograr que las relaciones apasionadas funcionen

Las similitudes hacen que las relaciones funcionen, pero las diferencias hacen que las relaciones sean emocionantes y apasionadas. Necesitas ambas cosas, similitudes y diferencias, para que las relaciones apasionadas funcionen a largo plazo.

A veces las personas entran en una relación basada únicamente en la química. La química va asociada a la variedad, y al principio es genial; es fácil sentirse atraído por alguien porque es diferente. Pero es una lástima que la química sola no sea sostenible. Con el tiempo, demasiadas diferencias pueden volverse molestas, frustrantes y problemáticas. Y, como ya hemos dicho anteriormente, algunas diferencias en terrenos como los valores, las creencias y las necesidades individuales pueden acabar por completo con una relación a largo plazo.

Por el contrario, compartir muchas similitudes con alguien suena muy bien, pero tener muchas cosas en común puede llegar a ser aburrido. Ser exactamente igual que el otro carece del ingrediente necesario para que la relación siga siendo apasionada. Con demasiada frecuencia las relaciones se deterioran porque, en lugar de trabajar juntos como un equipo, las dos personas se convierten en extensiones la una de la otra, apéndices que se entorpecen mutuamente en el camino.

Las mejores relaciones comparten una sana combinación de similitudes y diferencias. Por un lado, abrazas las cosas que tienes en común y, por el otro, aprendes a respetar y disfrutar las diferencias. Así comprenderás lo necesario que es el equilibrio entre *seguridad* y *variedad* para que una relación sea sostenible y plena.

Los ocho elementos de las grandes relaciones

Las relaciones plenas y significativas tienen ocho elementos principales que deben ser alimentados para que las relaciones crezcan y mejoren: amor, confianza, sinceridad, cuidado, apoyo, atención, autenticidad y comprensión. Los ocho apartados siguientes tratan cada uno de estos elementos.

Amor

Es posible que no te gusten ciertas cosas de una persona y que aun así ames todas y cada una de esas cosas. Tus relaciones principales requieren grandes cantidades de amor. Si realmente amas a alguien, ¿qué estás dispuesto a hacer por esa persona? ¡Cualquier cosa! Deberías estar dispuesto a hacer todo lo que puedas, todo lo que esté en tu mano por las personas a las que amas. Así es como fortaleces tus relaciones.

Además, sentir que te *aman* es diferente a sentir que te *necesitan*. Sin embargo, debes esforzarte por comprender lo que tus seres queridos necesitan. Y las relaciones principales en tu vida deberían sentir lo mismo hacia ti. Si no es así, tienes que preguntarte si esa persona es digna de formar parte de tus relaciones principales, y digna del tiempo que debes dedicar a dichas relaciones.

Confianza

Cuando confías absolutamente en una persona, estás abierto –eres tu verdadero tú–, lo cual fomenta que la relación sea lo más cercana posible. La confianza genera más confianza y eso favorece la sinceridad de ambas partes.

Sinceridad

Mentir es engañar intencionadamente a alguien cuando esa persona espera una comunicación sincera. A veces parece que es más fácil mentir, pero cualesquiera que sean las circunstancias, no importa lo pequeña o grande que sea la mentira, mentir está mal y es perjudicial para tus relaciones.

«La sinceridad es un regalo que podemos ofrecer al otro. También es una fuente de poder y un motor de simplicidad», escribió Sam Harris en su libro *Lying*, y continuaba: «El saber que procuraremos decir la verdad, cualesquiera que sean las circunstancias, nos deja poco margen para lo inesperado. Simplemente podemos ser nosotros mismos».

Por lo tanto, ser sincero no solo es lo correcto en tus relaciones, sino que a la larga también es mucho más sencillo. Y si una relación no se basa en la sinceridad, no es una relación que valga la pena.

Cuidado

Este es el otro lado de la confianza. El cuidado es el elemento más *activo*: la mejor manera de contribuir a tu relación de una manera significativa. Cuidar significa que alguien te importa lo suficiente como para expresarlo con coherencia en tus acciones. Por lo tanto, *cuidar* es un verbo: tus *acciones* son cómo le muestras a alguien que te importa.

Podemos llamarlo compasión, simpatía o admiración, pero, lo llames como lo llames, todos valoramos a alguien que siente un interés genuino y auténtico por nosotros, por nuestros sentimientos y por nuestra vida. Por lo tanto, debemos *actuar* en consecuencia.

Apoyo

Las relaciones más fuertes son relaciones que se dan apoyo mutuo: es decir, no es solo que te importe la otra persona, sino que te emocionas de verdad cuando está emocionada, te sientes feliz de verdad cuando se siente feliz y la animas a crecer cuando tú creces, lo cual os permite crecer el uno junto al otro.

Atención

Gran parte del tiempo, especialmente en nuestra web, lo dedicamos a hablar de la importancia de estar presente: la importancia de vivir en el momento (minimalists.com/be). Estar presente requiere centrarse, concentrarse y estar atento.

Esto es especialmente cierto con tus relaciones principales. Si estas personas son lo bastante importantes como para estar en tu nivel superior, quiere decir que son lo bastante importantes como para merecer toda tu atención cuando estás comprometido con ellas. Ya basta de mirar el móvil. Ya basta de mandar mensajes. Ya basta de chatear. Ya basta de mirar la televisión de reojo. Tus relaciones son importantes y deben ser tratadas como se merecen. Escucha con atención cada una de sus palabras. Te sorprenderás gratamente con la reacción que tendrás de las personas cuando les prestas toda tu atención. (Lectura adicional: «Most Emergencies Aren't»: minimalists.com/emergencies).

Autenticidad

Piensa en una persona a la que respetes por su sinceridad, por su franqueza, por su integridad. Seguro que conoces a personas como esta, ¿no? Elige a una y piensa en esa persona por un momento.

Para ti esta persona es *real*. Auténtica. Genuina. Reconforta estar cerca de esta persona, conocerla, interactuar con ella. Nos sentimos seguros cuando estamos cerca de personas auténticas, como si pudiéramos revelarles nuestros secretos más profundos y oscuros, como si pudiéramos confiar en ellas.

Y cuando conocemos a estas personas a un nivel más profundo, cuando establecemos una conexión con ellas, es reconfortante descubrir que son las que pensábamos que eran, que bajo la superficie son auténticamente ellas mismas.

Las personas auténticas no tienen agenda, y, sin embargo, tienen aspiraciones. Las personas auténticas son dignas de confianza y, sin embargo, a veces no llegan a cumplir sus promesas. Las personas auténticas son increíbles, pero a veces son superficiales. Las personas auténticas se preocupan por escuchar, pero a veces no lo oyen todo. Las personas auténticas pueden capear la tormenta y, sin embargo, se mojan.

Las personas auténticas son personas apasionadas, satisfechas, despreocupadas, tranquilas, amables y serviciales; sin embargo, las personas auténticas siguen siendo personas, son seres humanos y, por lo tanto, se preocupan, tienen dudas, cometen errores y toman decisiones equivocadas.

Las personas auténticas son falibles. Las personas auténticas cometen errores. Las personas auténticas tienen miedo. Las personas auténticas sucumben a la tentación de la lujuria y la codicia, a todas las trampas de este mundo.

Nadie es perfecto, pero todos tenemos la capacidad de ser auténticos, de eliminar el disfraz y la fachada de nuestro repertorio y de ser auténticamente nosotros mismos, no las personas que *se supone* que hemos de ser.

Comprensión

El último elemento es quizás el más intrincado y complejo, porque comprender de verdad a los demás es difícil. Por lo tanto, la función de este apartado es servir como receta para entender a los demás.

Las discusiones son el caldo de cultivo para la insatisfacción. Sin embargo, muchas discusiones, especialmente con las personas a las que amamos, nacen de simples malentendidos que se han magnificado. Para evitar esta espiral de malentendidos y poder llegar a un punto de satisfacción compartida, tenemos que evitar el actuar por impulso, y en lugar de eso tenemos que trabajar teniendo en cuenta las cuatro etapas de la comprensión:

Tolerar. La tolerancia es una virtud débil, pero es un buen comienzo. Si el comportamiento de alguien es incómodo o molesto, lo mejor es evitar la reacción instintiva de pelea o huida y encontrar la manera de tolerar las diferencias. Por ejemplo, supongamos que tú eres aspirante a minimalista, pero que tu pareja es un coleccionista empedernido..., una clara dicotomía de creencias. Tu pareja cree que coleccionar figuritas de porcelana o guitarras antiguas es la bomba; a ti sus tesoros te parecen trastos inútiles. Así que te quedas rascándote la cabeza y preguntándote cómo lograrás convencer a tu pareja de que tu punto de vista es el único válido, lo que puede ser tremendamente frustrante. Pero no te preocupes, no tienes que ponerte en su misma página sí o sí; solo tienes que entender que ambos tenéis vuestras razones para estar en páginas diferentes. Cuando toleras los caprichos del otro y lo dejas vivir felizmente dentro de su particular visión del mundo, es posible que no *entiendas* su obsesión con las horrorosas figuritas o con los instrumentos musicales, que jamás toca, pero al menos habrás iniciado el camino hacia la comprensión de esa persona, y eso ya es un primer y gran paso.

Aceptar. Para vivir realmente en armonía con los demás, debemos superar rápidamente la tolerancia y pasar a la aceptación. Cuando ya has hecho un importante esfuerzo para por lo menos tolerar las peculiaridades del otro, sus creencias comienzan a parecer menos absurdas y, con el tiempo, adquirirán más sentido, quizás no para ti, sino para esa persona que te importa. Una vez que te das cuenta de que las colecciones de tu pareja tienen un propósito, es más fácil aceptarlas porque forman parte de lo que esa persona es como persona completa; y aunque quizás no te guste un comportamiento en concreto, seguirás amando a la persona en su totalidad, también con sus debilidades.

Respetar. Aceptar (no solo tolerar, sino aceptar verdaderamente) la idiosincrasia del otro es difícil, pero no tan difícil como *respetar* a ese otro *por* su idiosincrasia. Piénsalo: has tardado muchos años en llegar hasta lo que crees actualmente, por lo tanto, no es lógico esperar que el otro llegue allí de la noche a la mañana, por muy convincente que sea tu contrargumento. De acuerdo, quizás tú nunca has atesorado figuritas o guitarras, pero hay muchas cosas que tú crees que, seguramente, le parecerían ridículas a otros. Pero incluso cuando las otras personas no están de acuerdo contigo, incluso cuando no entienden tu postura, incluso entonces tú quieres que respeten tus opiniones, ¿no es verdad? Entonces, ¿por qué no tendrías que ampliar ese mismo respeto a las personas a las que amas? Solo entonces te acercarás más a la comprensión; solo entonces comenzarás a darte cuenta de que tu manera de ver el mundo no es el único axioma según el cual deba vivir el resto de la gente. Desde luego, es agradable tener un hogar sin trastos, pero todavía es más agradable compartir la vida con las personas a las que respetas.

Valorar. Con respecto a tu espejo retrovisor, la comprensión está a la vuelta de la esquina. Seguimos con nuestro ejemplo. Pongamos que el tener esas colecciones da una gran alegría a tu pareja. ¿Qué razón tendrías para cambiarlo? Tú quieres que sea feliz, ¿verdad? Pues si su colección trae alegría a su vida, y si a ti realmente te importa esa persona, entonces su colección también debe traer alegría a tu vida, porque la felicidad es contagiosa, pero solo si eres capaz de superar las discusiones, de superar las etapas de tolerancia, aceptación y respeto, y valoras sinceramente los deseos, valores y creencias de la otra persona. Muchos de nosotros navegamos por rutas diferentes hacia la felicidad, pero incluso si viajamos por rutas distantes entre sí, es importante que valoremos el viaje, no solo el nuestro, sino el de todos a los que amamos. Cuando valoramos a los demás por lo que son, no por lo que nos gustaría que fueran, entonces, y solo entonces, podemos comprenderlos.

Así pues, la próxima vez que llegues a una bifurcación en el camino, acuérdate de TARV: tolerar, aceptar, respetar y valorar. Si recorres este camino con frecuencia, tus relaciones florecerán y experimentarás una riqueza en tu experiencia que no sería posible sin una comprensión profunda de las personas con las que compartes tu vida.

Este camino funciona no solo con quienes tenemos una relación amorosa, sino también con amigos, compañeros de trabajo y cualquier otra persona con la que queremos fortalecer nuestra conexión. Qué duda cabe de que habrá momentos en los que valores chocarán y no serás capaz de apreciar a la persona por lo que es. Incluso habrá raras ocasiones en las que TARV será el camino equivocado: cuando alguien tiene un comportamiento autodestructivo –drogas, delincuencia, racismo–, no tienes que valorar su conducta. A veces está bien decir adiós, alejarse y viajar por un camino perpendicular.

Al final, la comprensión responde a las preguntas importantes sobre las relaciones: ¿qué impulsa al otro? ¿Qué quiere el otro? ¿Qué necesita? ¿Qué lo emociona? ¿Qué deseos tiene? ¿Cuáles son sus sufrimientos? ¿Con qué disfruta? ¿Qué lo hace feliz? Si puedes responder a estas preguntas, dispondrás de la comprensión que precisas para satisfacer sus necesidades. Si tú das respuesta a las necesidades del otro y el otro responde a las tuyas, es seguro que tendréis una relación emocionante, apasionada y que os hará crecer.

Alimenta tus relaciones

Es importante tener en cuenta que debes encontrar maneras de alimentar continuamente tus relaciones principales todos los días. Son demasiado importantes como para que las ignores. Si te centras en los ocho elementos anteriores, fortalecerás tus relaciones más de lo que nunca te has imaginado. Desde luego se necesita una cantidad considerable de esfuerzo tenaz, perseverancia y tiempo, pero tener relaciones plenas y con sentido vale cada esfuerzo que hagas por ellas.

Lecturas adicionales sobre las relaciones

- «Goodbye Fake Friends»: minimalists.com/fake
- «Letting Go of Relationships»: minimalists.com/relationships
- «Prepared to Walk Away»: minimalists.com/walk-away

4. Las pasiones

La importancia de cultivar tus pasiones

Cultivar tus pasiones es el más importante de los cinco valores. ¿No nos crees? Vamos a demostrártelo.

Imagínate que te toca la lotería, que nunca has estado en mejor forma física, que has encontrado a tu alma gemela, que tus relaciones personales son excelentes, que no tienes deudas, que te mudas a la casa de tus sueños (en la playa, claro), y que ya no tienes que trabajar ni un solo día más en tu vida.

Ahora imagínate que te despiertas mañana y al día siguiente y al otro sin nada que hacer, sin nada que te haga ilusión, nada que te empuje a continuar. ¿Qué, horror! Cuántos programas de televisión verás o cuántas veces te irás de vacaciones antes de darte cuenta de que la pasión no tiene ningún papel en tu vida, antes de darte cuenta de que tu vida carece de significado. No te sentirás satisfecho si en tu vida no hay pasión. A menudo esta es la primera causa de ese sentimiento de vacío que experimentan muchas personas.

Lo que tú llamas tu trabajo

Volvamos a la realidad. Echemos un vistazo a un día normal y corriente. ¿A qué lo dedicas? ¿Tienes el típico horario de trabajo de nueve a cinco? ¿Te quedas en casa con los niños? ¿Llevas tu propio negocio?

Hagas lo que hagas, el nivel de pasión que sientes por lo que haces a veces se puede medir con la etiqueta que le pones a tu trabajo. Las personas solemos atribuir a nuestro trabajo una de estas tres etiquetas: *trabajo*, *carrera* o *misión*. Cuando hablas de tu trabajo, ¿cuál de los tres términos empleas? ¿Te dedicas a tu trabajo? ¿Te dedicas a tu carrera? ¿O eres una de las pocas personas que llama a su trabajo su misión?

Lo más probable es que tengas un trabajo: el rollo de todos los días. O que, si estás en el paro, probablemente busques trabajo. Es un imperativo cultural, el mítico sueño americano: es lo que se «supone» que debemos hacer. Nos han enseñado a trabajar arduamente tanto en la escuela secundaria como luego en la universidad, estudiando materias que no nos importan, para que encontremos un «buen trabajo», un trabajo con un sueldo seguro, ventajas importantes e incluso un plan de jubilación. Y luego se supone que debemos mantener ese tortura durante cuarenta años para que un día podamos jubilarnos y disfrutar de la vida durante unos pocos años (los estudios llevados a cabo por las compañías de seguros demuestran que el promedio de vida de un jubilado suele ser solo de tres años después de la jubilación). Nos han enseñado a trabajar dejándonos la piel para una entidad sin vida, dándole nuestro bien más preciado, nuestro tiempo, a cambio de un cheque mensual. Nos han enseñado que ese cheque –y *todo* lo que con ese cheque se puede comprar– tiene mucho más valor del que tiene en realidad.

La verdad es que todos necesitamos dinero para vivir: no hay duda de que todos tenemos que pagar por un techo sobre nuestra cabeza, alimentos que nutran nuestro cuerpo, ropa para mantenernos calientes, atención médica cuando estamos enfermos o heridos, y otras cosas fundamentales. Pero el ciclo que hemos descrito antes –lo que se nos ha vendido como el «sueño americano»– carece de sentido. El sueño americano no te hará feliz. De hecho, para muchas personas la búsqueda de este conjunto de ideales es opresiva, y ten por seguro que será una empresa fallida.

Las feas raíces de una carrera

Si lo que haces todos los días es únicamente un trabajo, difícilmente te sentirás satisfecho durante las horas que dediques a esa actividad. Incluso si trabajas mucho y muchas horas y te haces una carrera propia, es probable que te resulte muy difícil tener una vida plena y con sentido dentro de los límites de tu horario laboral. Para decir la verdad, tener una carrera profesional es una de las cosas más peligrosas que se pueden hacer si se quiere encontrar un sentido a la vida.

Las carreras profesionales son peligrosas porque las personas invierten tanto de sí mismas en ellas que acaban creando una identidad y un estatus social basado en el título de su trabajo.

Piénsalo: una de las primeras preguntas que hacemos cuando nos presentan a alguien es: «¿Y tú, a qué te dedicas?». A primera vista, parece una pregunta bastante inocente, ¿no? Pero la pregunta implícita no es «¿Y tú, a qué te dedicas?», que en sí misma es bastante amplia y podría abarcar miles de cosas (soy voluntario en comedores de beneficencia, trabajo en Walmart, disfruto pescando los fines de semana, entreno cinco días a la semana, bebo agua, etcétera); la pregunta implícita es: «¿Cómo te ganas la vida?» o «¿Dónde trabajas?», que es muy diferente de la pregunta en sí. Esta pregunta «inocente» realmente dice: «Te juzgaré como persona según cómo te ganes el sueldo, y te asignaré un estatus social concreto basado en tu empleo».

A las personas se nos pide que respondamos a esta pregunta tan a menudo que acaba incrustada en nuestras carreras: «lo que hacemos» acaba siendo nuestra principal identidad, y otorgamos a nuestras ocupaciones mucho más valor social del que merecen. Una vez que uno identifica su carrera consigo mismo, con su persona, es difícil deshacerse de esa identidad, aunque la persona odie su carrera («No quiero trabajar aquí, ¡pero es que yo soy exactamente eso!»).

Afortunadamente, hay mejores maneras de responder a la pregunta «¿Y tú, a qué te dedicas?». Hemos descubierto que la gente está programada para hacer esta pregunta sin pensarla; no es muy diferente a preguntar «¿Cómo estás?». Así pues, lo mejor es hacer que la otra persona realmente piense en la pregunta sin sentido que te acaba de hacer. Cuando nos hacen esta pregunta, nosotros dos tendemos a responder con otra pregunta. Por ejemplo: «Me haces una pregunta muy amplia. ¿A qué te refieres?», o «Esa es una pregunta muy amplia; ¿y si te lo cuento mientras tomamos un café?». Otra manera de contestar a esta pregunta es diciendo lo que te apasiona, en lugar de referirte a tu trabajo. Así que, en lugar de decir: «Soy director de operaciones», di: «Me apasiona escribir» (o decorar álbumes de fotos, o escalar, o lo que sea que te apasione). Resulta agradable seguir esa declaración con un: «¿Y a ti qué te apasiona?». Esta respuesta redirige completamente la conversación, cambiando su trayectoria de lo que *ambos hacéis* a lo que a ambos *os apasiona*, lo cual es mucho más interesante.

Estas respuestas hacen que el otro reconsidere la pregunta de inmediato, y a la vez te ayudan a recordar que eres mucho más que tu carrera profesional. Eres madre, padre, hermana, hermano, cónyuge, amante, una persona sana, una persona que crece, una persona que ayuda a los demás, una persona apasionada con una vida plena y con sentido. Tú no eres tu carrera profesional.

Al cambiar tu propio proceso de pensamiento en torno a esta pregunta, desenterrarás esas raíces nocivas que tienen todas las carreras profesionales. Con el tiempo, desplazarás tu identidad de tu carrera profesional y la situarás en el lugar que le corresponde: tu vida. Tu identidad tiene que enraizarse en una vida con sentido, no en cómo te ganas un sueldo. (Para más reflexiones sobre este tema: minimalists.com/do.)

Las pasiones de Joshua y Ryan

Tanto si eres seguidor de nuestra web como si acabas de conocernos por este libro, ya sabes nuestra historia. Sabes que tuvimos unas carreras empresariales con títulos de lo más distinguidos y sueldos suculentos. Pero ahí se esconde la clave: teníamos *carreras*. ¿Qué nivel de pasión crees que teníamos dedicando todos los días de nuestra vida a nuestras carreras profesionales en lugar de vivir nuestra misión?

Sí, trabajamos mucho, esclavizados setenta horas o más a la semana para una gran empresa. Sí, disfrutamos de ciertos aspectos de nuestras carreras. Y sí, en muchas ocasiones nos sentimos afortunados de tener «buenas» carreras siendo tan jóvenes, a pesar de no tener ningún título universitario. Pero, pasado un tiempo, no nos satisfacía lo que hacíamos para ganarnos la vida. No estábamos viviendo nuestra misión.

Al no sentirnos satisfechos con nuestras carreras profesionales, recurrimos a la idea de vivir que impone la sociedad: comprábamos cosas, gastábamos demasiado dinero y vivíamos gastando todo lo que ingresábamos porque intentábamos comprar felicidad en cada viaje al centro comercial o en vacaciones de lujo. En lugar de cultivar una pasión, en lugar de buscar nuestra misión, nos calmábamos con caprichos efímeros, que nos procuraban emociones que no duraban mucho más que la cola de la caja.

Finalmente, descubrimos que nuestra pasión –y, por lo tanto, nuestra misión– nos estaba esperando mucho más allá del océano del consumo, pero tuvimos que levar muchas anclas antes de poder navegar hacia aguas más limpias y transparentes.

La pasión de Joshua es escribir. La pasión de Ryan es orientar a otras personas. Cuando descubrimos nuestras pasiones, las adaptamos a nuestra misión, lo que nos llevó un par de años.

Donde confluyen pasión y misión

Queremos subrayar que no compartimos la idea de que trabajar para una empresa tenga nada de malo.

Tampoco creemos que nadie esté «destinado» a ser un apasionado de algo en particular o a tener una «vocación verdadera» en la vida.

Por el contrario, creemos que se puede ser apasionado de prácticamente cualquier cosa. En consecuencia, puedes encontrar tu misión en cualquier dirección que tomes. Lo que a una persona le parece aburrido a otra le puede resultar emocionante y gratificante. Es de lo más comprensible que a alguien le pueda apasionar profundamente la contabilidad mientras que a otra persona le apasione montar a caballo. A nosotros ni una cosa ni la otra nos parecen muy emocionantes, pero eso no significa que no haya personas apasionadas por ambas actividades.

A veces la gente encuentra una línea de actividad que les procura la máxima satisfacción. Estas personas a las que se les paga por hacer lo que les apasiona suelen referirse a su trabajo como a su misión. ¿Eres una de ellas? Si es así, te felicitamos;

eres una entre pocas. Pero si eres de las que no te sientes agradecida y apasionada por tu trabajo diario, lo más probable es que no hayas encontrado (o no estés cultivando) tu misión.

El resto de este capítulo está dedicado a ayudarte a encontrar y luego a cultivar tus pasiones y a perseguir tu misión.

Es un viaje fácil para algunas personas. Son las que ya saben lo que les apasiona, pero quizás aún no persigan esa pasión como su misión a jornada completa.

En cambio, este viaje resulta muy difícil para otras personas. Son las que no saben lo que quieren hacer, no saben lo que les apasiona, no tienen ni idea de cuál es su misión.

No importa el punto en el que te encuentres, el resto de este capítulo te ayudará a identificar las anclas que te impiden descubrir y cultivar tus pasiones.

Una idea falsa sobre las personas apasionadas

Una idea errónea es que las personas que sienten pasión por lo que hacen es porque lo llevan dentro, porque son así. Es un idea errónea y sin lógica: no podría estar más lejos de la verdad.

Las personas a quienes les apasiona lo que hacen son, en la mayoría de los casos, personas a quienes no les apasiona su trabajo. Hay días en que la gente apasionada no quiere levantarse de la cama; a veces no tienen ganas de ponerse a trabajar en el nuevo proyecto que planea en el horizonte; otros días saltan de la cama sintiéndose emocionados y motivados por su misión. En otras palabras, las personas que tienen una pasión son como tú.

La pasión genera más pasión

Sin embargo, hay dos cosas que distinguen a las personas apasionadas de las personas sin inspiración.

Primero, las personas apasionadas saben qué les apasiona. Simplificando, la afirmación puede parecer obvia, pero, a decir verdad, a nadie le apasiona una sola cosa. Joshua no es solo un apasionado de la escritura; es un apasionado de muchas actividades creativas. De un modo parecido, la pasión de Ryan no se limita a orientar a otras personas; le apasionan el *snowboard*, el *wakeboard*, el *longboard* y casi todo lo que tenga que ver con una tabla (excepto el *waterboarding*).[*] Las personas apasionadas saben lo que *más* les apasiona, pero también saben qué otras cosas les apasionan: saben lo que les emociona, lo que les da energía, lo que las lleva a la mejor versión de sí mismas.

En segundo lugar, la pasión genera más pasión. Las personas apasionadas recurren a sus pasiones cuando se sienten sin

---

[*]   En español, se conoce como submarino, y es una forma de tortura aplicada en ciertas cárceles que consiste en colocar el sujeto en una tabla inclinada, con las piernas por encima de su cabeza, y verterle agua sobre la cara tapada con una tela para obtener información. (*N. de la T.*)

inspiración. En esos días en que no quieren levantarse de la cama o comenzar ese nuevo proyecto, las personas apasionadas se concentran en las cosas que les entusiasman. Por ejemplo, hubo momentos durante la creación de este libro, sobre todo cuando preparábamos los primeros borradores, que nos parecían especialmente monótonos. En lugar de esperar a que llegara la inspiración propiciada por un repentino estallido de actividad apasionada, optamos por continuar nuestra marcha por las turbias aguas de la monotonía, pero sin dejar de vigilar lo que sabíamos que nos apasionaba. De hecho, fueron nuestras pasiones las que actuaron como un faro, y excavando en el tedio pudimos mantenernos centrados en lo que era importante. Sin nuestras pasiones guiándonos, hubiera sido fácil desviarse del rumbo y perderlo para siempre. Cuando llegamos al borrador final de este libro, ambos estábamos entusiasmados con nuestra creación y lo que significaría para las personas con quienes la compartiríamos.

Usar lo que te apasiona para mantenerte centrado y alimentar más pasión es fundamental para descubrir tu misión. Pero primero debes descubrir lo que te apasiona.

Levar anclas para encontrar tu pasión

Muchas veces es difícil descubrir nuestras pasiones porque tendemos a quedar atrapados en los quehaceres de la rutina diaria. Es fácil abrazar el ciclo poco inspirador y amortecido del trabajo diario, un día tras otro. Es fácil estar anclado en nuestra vida cotidiana y es mucho más difícil liberarnos de esas anclas.

Resultó que descubrimos cuatro anclas principales en nuestras propias vidas que nos impedían seguir nuestras pasiones: identidad, estatus, seguridad y dinero.

Levar el ancla de la identidad

¿Quién eres? ¿Alguna vez te has hecho esta pregunta? A primera vista parece bastante simple, pero en realidad es una pregunta relevante y nada fácil de responder. Debido a su complejidad, a menudo recurrimos a nuestra profesión para responderla: soy maestra, soy contable, soy ama de casa. Si bien estas serían respuestas aceptables a una pregunta diferente (es decir, «¿Qué haces para conseguir un salario? ¿A qué dedicas la mayor parte de tu tiempo?»), son problemáticas cuando lo que queremos decir con ellas es: «Eso es lo que soy como persona».

Cuando admites que tu profesión es lo que tú eres, es extraordinariamente difícil hacer algo diferente. Esta es una de las razones por las que las personas se quedan en el mismo tipo de industria cuando cambian de trabajo («No me gustaba ser gerente de ventas en la ABC Paper Company, pero seguro que me encantará ser gerente de ventas en la XYZ Paper Company»). Nos sentimos tan identificados con nuestra actividad profesional que nos es tremendamente difícil darnos cuenta de que somos mucho más que eso: la belleza de las personas se refleja de muchas maneras.

Cuando una persona está atrapada en este tipo de identidad, es difícil que se dé cuenta de que no es su trabajo, no es lo que posee, no es su deuda, no es su sueldo; es mucho más que todo eso. Es hermana, padre, madre, hermano, amante, compañero, amigo, amiga, creador, colaboradora, un ser humano capaz de mucho más.

En nuestro caso, significó que nos identificamos activamente con etiquetas que trascendían las de nuestros cargos empresariales, como *director* o *gerente*. Significó que nos identificamos públicamente con etiquetas que para nosotros tenían mucho más sentido, como *mentor*, *líder*, *colaborador* y *minimalista*.

¿Qué otras etiquetas con sentido puedes usar tú para identificarte? Cuando te liberes de la tiranía de la identidad, abrirás el camino para levar tus otras anclas.

Levar el ancla del estatus

A medida que las personas ascienden por la escalera corporativa, a medida que se familiarizan con su trabajo y su carrera profesional y se sienten más cómodos, tienden a experimentar un fenómeno curioso: asocian el estatus con su profesión por encima de cualquier otra cosa. Les parece que su carrera profesional les da importancia y relieve. Esta es la razón por la cual muchas personas se sienten avergonzadas, incómodas, insignificantes e incluso deprimidas cuando se quedan sin trabajo. Desde luego se preocupan por el dinero y por cómo van a ganarse la vida, pero cuando ha remitido el pánico inicial por el dinero, se sienten vacías e insignificantes sin su trabajo. Esto se debe a que las personas suelen dar importancia a algo que no tiene mucha.

Cuando alguien está preso de las garras del estatus, es difícil que vea que hay otros aspectos de su vida que son mucho más importantes que su profesión (por ejemplo, los cinco valores que tratamos en este libro, salud, relaciones, pasiones, crecimiento y ayuda a los demás, son todos bastante más importantes). Muchas veces las personas asocian una buena parte de su estatus social con su empleo porque es lo más fácil de controlar en ese momento. Es decir, si trabajas mucho (incluso si es en un trabajo que detestas), te ves recompensado con gratificaciones inmediatas (premios, recompensas, elogios del jefe, reconocimiento público, reconocimiento privado, envidia, y adulación, de los compañeros de trabajo, poder percibido, responsabilidades adicionales y cosas por el estilo), así como gratificaciones a más largo plazo (aumentos de sueldo, bonificaciones, comisiones, promociones, incentivos, beneficios complementarios, etcétera).

Sentimos decirte que muchas de las cosas importantes de la vida son (a) mucho más difíciles de controlar que el trabajar arduamente a corto plazo en tu empleo, y (b) no proporcionan la misma gratificación instantánea que el estatus de una carrera profesional. Socialmente, nos han programado para querer (o incluso esperar) resultados inmediatos. Además, estos mismos imperativos sociales hacen mucho más hincapié en la carrera profesional y el estatus económico que en cualquier otro tipo de estatus.

Por ejemplo, piensa en un padre que se encarga de las tareas del hogar. ¿Qué es lo primero que te viene a la mente? Lo más probable es que sea algo parecido a: «¡Seguro que debe ser agradable!» o «¡Los hay con suerte!» o «¡No se está comportando como un hombre de verdad!» o «¡Vaya holgazán!». Pero cualquiera que conozca a un padre amo de casa competente sabrá que estos juicios están lejos de la verdad. Por el contrario, cuando piensas en un alto directivo, probablemente te vendrán a la cabeza pensamientos como «¡Ese sí que tiene pasta!» o «¡Tiene mucho poder!» o «¡Trabajó mucho para llegar adonde ha llegado!». A pesar de que ninguna de estas cosas sea necesariamente cierta, sí es un estereotipo cultural del que es difícil escapar.

La mejor manera de escapar de la influencia destructiva del estatus y de los estereotipos culturales que lo acompañan es bajar el volumen. Para nosotros dos, esto se tradujo en dar menos valor a lo que la gente pensaba sobre nuestros trabajos, y demostrarles por qué tenían que dar más crédito a nuestras nuevas identidades, que eran transferibles a prácticamente todo lo que hacíamos, no solo a nuestras carreras.

Al aceptar esta noción más positiva de estatus, es más fácil abarcar más variedad en la vida; somos capaces de asumir un mayor nivel de inseguridad, así como de sacrificar parte de la seguridad que nos mantiene anclados e inmóviles.

Levar el ancla de la seguridad

La seguridad es algo extraño. Todos necesitamos cierto nivel de seguridad para sobrevivir. Tenemos que estar seguros de que el techo no se nos va a caer mientras dormimos, tenemos que estar seguros de que el agua que bebemos no es venenosa, tenemos que estar seguros de que el coche que se aproxima no va a pisar la línea amarilla hacia nuestro carril.

Pero más allá de la necesidad básica de sentirnos seguros, cada persona tiene un nivel de seguridad completamente diferente al de los demás. La mayoría de nosotros necesita grandes dosis de seguridad –demasiada seguridad– para sentirnos bien, mientras que a otras personas (como, por ejemplo, los paracaidistas profesionales o los conductores de coches de carreras) les hace falta muy poca seguridad en su vida diaria. Para este último grupo es bastante fácil levar el ancla de la seguridad, pero el primer grupo tendrá que abandonar su zona de confort para levantar esta ancla que debilita su vida.

La seguridad es agradable, nos hace sentir bien, nos da una sensación de comodidad e invulnerabilidad, pero a veces es la razón subyacente más poderosa por la que no hacemos los cambios que deseamos hacer. Es decir, no estamos contentos con la situación actual, pero estamos lo bastante cómodos como para no sacrificar esa confortabilidad de hoy por algo que podría ser potencialmente menos cómodo mañana, y, por lo tanto, no hacemos ningún cambio.

En otras palabras, asociamos al cambio más dolor que

placer. Afortunadamente, existen dos maneras de alterar este proceso de pensamiento, dos maneras de liberarse del ancla de la seguridad para poder cambiar nuestra vida.

Primero, se puede encontrar la manera de asociar más dolor con el *no cambiar*. Y eso se logra al observar la posible pérdida de sentido en nuestra vida: la pérdida que significa no alcanzar lo que realmente quieres alcanzar, la pérdida de no perseguir lo que nos apasiona, la pérdida de no vivir nuestra misión. La realidad es que el dolor del arrepentimiento a largo plazo supera con creces el placer de la seguridad a corto plazo.

La segunda manera es asociando más placer al logro a largo plazo de perseguir nuestra pasión y vivir nuestra misión.

Cualquiera de las dos opciones, o una combinación de ambas, te proporcionará la palanca que necesitas.

En nuestro caso, esto significaba dos cosas diferentes: Joshua dio el salto sin tener un gran plan. Decidió que el dolor de no perseguir sus pasiones ya no valía la seguridad que le proporcionaba su carrera empresarial. En cambio, Ryan se fue liberando lentamente de sus frenos corporativos, y poco a poco fue asociando placer con búsqueda de sus pasiones. (Si quieres saber más sobre cómo salir del mundo corporativo, visita minimalists.com/quit.)

Levar el ancla del dinero

Cuando lo reduces a lo más simple, resulta que el dinero no es más que otra capa de seguridad. Pero vale la pena identificarlo como un ancla por derecho propio, por lo que tiene de plaza fuerte para tanta gente, por la importancia que nuestra cultura otorga al dinero, porque suele ser la razón principal por la que la gente sigue haciendo cosas que detesta. «¡Tengo que pagar las facturas!» es una pobre excusa. Está claro que tienes que ganarte la vida, pero eso puedes hacerlo buscando tu pasión.

La mejor manera de levar el ancla del dinero es darle menos importancia al dinero en tu vida. Nosotros lo conseguimos desarrollando un plan detallado de cinco pasos para recuperar el control de nuestra economía.

Dinero: separa a las familias, destruye matrimonios e impide que la gente persiga sus sueños. Los problemas del dinero inyectan estrés, ansiedad y discusiones innecesarias en nuestra vida cotidiana, lo cual nos mantiene en una perpetua insatisfacción. Parece que nunca tenemos suficiente y, viviendo al día, no conseguimos salir adelante.

Pero no tiene por qué ser así.

Lo sabemos de primera mano. El camino hacia la libertad económica fue un largo viaje para nosotros dos. A pesar de que gozábamos de una prestigiosa carrera profesional con sueldos de seis cifras, en aquella época el dinero era una lucha; la libertad económica tardo mucho en llegar. No fue hasta que dejamos atrás nuestras carreras profesionales (después de idear un plan, por supuesto) que descubrimos cómo salir de las deudas, cómo eliminar gastos innecesarios, cómo planificar nuestro futuro, cómo tener control sobre nuestra economía.

Aunque todos tenemos que ganar dinero para poder vivir

–y no tiene nada de malo ganar un buen sueldo–, tener control sobre nuestra vida económica implica mucho más que ajustar los ingresos al alza: se trata de tomar decisiones acertadas y coherentes con los recursos de los que disponemos, cambiar los hábitos económicos y vivir con conciencia. Nada de eso es intrínsecamente fácil, especialmente bajo la tiranía de la cultura actual de la recompensa instantánea; pero, por suerte, recuperar el control de nuestra economía es sencillo.

Hace algunos años, abrumados por la voracidad del dinero en nuestras vidas, los dos decidimos cambiar: decidimos recuperar el control de nuestra economía y de nuestra vida. Estos son los cinco pasos que dimos, y son los mismos principios que usamos hoy para asegurarnos de que nunca más tendremos problemas con el dinero.

Paso 1. Presupuesto. La mayoría de nosotros no tenemos ni idea de adónde va a parar nuestro dinero: creemos que lo sabemos, pero en realidad lo ignoramos. Esto es doblemente cierto para los que estamos casados o vivimos en pareja. Así que el primer paso hacia la libertad económica consiste en tener un presupuesto mensual y ponerlo por escrito. Ten en cuenta las tres palabras clave que encierra la frase anterior: por escrito, mensual y presupuesto.

Algunas pautas:

Categorías. Determina lo que es verdaderamente necesario identificando todos tus gastos mensuales sobre la base de los últimos seis meses, y luego divide estos gastos en tres categorías, tal como lo describimos «Need, Want, Like» (minimalists.com/want). Anota en un papel todos los gastos (alimentos, vivienda, servicios públicos, seguros, automóviles, gas, transporte, ropa, tarjetas de crédito, teléfonos, internet, mascotas, entretenimiento, etc.); comprueba hasta tres veces la lista con tu pareja o con algún amigo; y luego aplica tus categorías de «lo que necesito, lo que quiero, lo que me gusta» para priorizar y recortar por donde puedas. Cuanto más estricto seas, más pronto serás libre.

Límites. Atribuye a cada euro un destino desde el principio del mes. Estableciendo estos límites, no te preocuparás por lo que puedes y lo que no puedes comprar, porque el dinero que no hayas asignado al principio del mes no te lo puedes gastar a mitad de mes.

Trabajo en equipo. Todas las personas que viven en tu casa, incluso tus hijos, deben tener voz en el presupuesto escrito. Esta es la única manera de contar con la aceptación de todos. Trabajar juntos significa sacar de una categoría para financiar otra (por ejemplo, sacar dinero, pongamos, de tu presupuesto para ropa y destinarlo a tu presupuesto para entretenimiento) hasta que cada persona esté en la misma página. Cuando todo el mundo haya subido a bordo –cuando todos estén comprometidos con la libertad económica–, será mucho más fácil obtener la tracción que necesitas.

Ajustes. Por el camino cometerás algunos errores; perfecto, forma parte del proceso. Al principio, tú y tu familia tendréis que analizar vuestro presupuesto escrito todos los días –y, con el tiempo, una vez a la semana–, ajustándoos en consecuencia hasta que toda la familia se sienta cómoda con sus asignaciones mensuales establecidas. El primer mes es el más difícil, pero al tercero te maldecirás por haber gastado tanto dinero durante el tiempo que vivías sin presupuesto.

Seguridad. Lo mejor es abrir una cuenta bancaria a modo de red de seguridad con unos 500-1.000 euros para emergencias. No toques este dinero a menos que se produzca una verdadera emergencia (reparaciones del automóvil, facturas médicas, pérdida de trabajo, etcétera). La red de seguridad te permitirá mantenerte dentro del presupuesto incluso cuando la vida te dé un bofetón en plena cara. Con el tiempo, cuando hayas saldado todas tus deudas (paso tres), tu red de seguridad crecerá e incluirá varios meses de ingresos. Pero por ahora, preocúpate solo de los primeros 500-1.000 euros que necesitas para empezar, que mantendrás en una cuenta separada para evitar tentaciones.

Paso 2. Págate a ti mismo (invertir). A la mayoría de nosotros se nos ponen los pelos de punta al oír la palabra *invertir*. Invertir nos parece algo tan sumamente complicado, tan abstracto, que solo con oír esta palabra entramos en pánico. En lugar de pensar en *invertir dinero*, piensa que se trata de *financiar a tu futuro yo*. Y con las herramientas en línea que existen hoy en día, no tienes por qué desfallecer, invertir es actualmente más fácil que nunca. Cualquiera puede (y debe) hacerlo.

En nuestro caso, los dos utilizamos una sencilla herramienta de inversión en línea a modo de *software* personal de ahorro, planificación e inversión. Invertimos en línea nuestro dinero en cuatro categorías diferentes: fondo de pensiones, seguro de trabajo [Safety Net], fondo para la creación de riqueza [Wealth-Building Fund] y fondo para el hogar [House Fund]. (Visita minimalists. com/retirement si te interesa saber más sobre nuestra estrategia de inversión concreta, así como sobre algunas herramientas gratuitas que utilizamos para no desviarnos de la buena ruta.)

Este es el mejor momento para comenzar a planificar tu futuro. Sea lo que sea que tengas en mente, jubilarte, iniciar un negocio, ahorrar para una casa, crear una mayor red de seguridad o centrarte en crear riqueza más a largo plazo, este es el mejor momento para empezar. No la próxima semana, no mañana: hoy. Incluso si no tienes dinero para invertir, debes diseñar un plan para comenzar a invertir en tu yo futuro. La mejor manera de hacerlo es automatizar tus inversiones, lo cual elimina las conjeturas sobre la inversión. El futuro no va a esperar: hazlo hoy. Aunque ello signifique el 1% de tus ingresos, o solo 20 euros al mes para empezar. Tu yo futuro te lo agradecerá.

Paso 3. Libre de deudas. Contrariamente a lo que algunos académicos puedan decirte, no existe ninguna «deuda buena». Digámoslo otra vez (léelo en voz alta): no existe ninguna deuda buena. Algunas deudas son peores que otras, pero jamás son «buenas».

No te sentirás libre hasta que saldes todas tus deudas. El deudor siempre es esclavo del prestamista. Además, es increíble la sensación de no tener que pagar plazos del coche, ni gastos de la tarjeta de crédito ni plazos de los préstamos de estudios que acechan entre las sombras de tu estilo de vida.

Mientras fuimos veinteañeros siempre tuvimos un montón de deudas: de más de seis cifras cada uno. Era un sentimiento debilitante: una pérdida de libertad total.

Aunque no hay soluciones mágicas, la estrategia que hemos visto que funciona mejor es la que propone Dave Ramsey en *Total Money Makeover*, una fórmula detallada, paso a paso, que ambos utilizamos para crear un plan pormenorizado, dejar de utilizar nuestras tarjetas de crédito y enfrentar nuestras deudas. (También puedes leer la historia de cómo Joshua logró liberarse de las deudas en minimalists.com/debt.)

Paso 4. MINIMIZAR. Por supuesto, el minimalismo fue un componente clave en nuestros propios viajes hacia la libertad económica. Al despejar el desorden que imperaba en nuestras vidas, pudimos centrarnos en eliminar las deudas, cambiar nuestros hábitos y tomar mejores decisiones con menos recursos.

También aprendimos que al simplificar, identificando qué posesiones materiales no agregaban valor a nuestras vidas, logramos liberarnos más deprisa de las deudas al vender más de la mitad de nuestras cosas a diferentes compradores locales (ventas de garaje, tiendas de segunda mano, mercados de pulgas) y en línea (eBay, Craigslist, Autotrader).

No, el minimalismo no consiste en privaciones: no queremos que nadie «viva sin» en nombre del minimalismo, pero a veces tiene sentido privarnos temporalmente de ciertas satisfacciones inmediatas cuando intentamos encauzar nuestra vida hacia una dirección mejor.

Por ejemplo, mientras lidiábamos con nuestras deudas, Joshua vendió su enorme casa y se mudó a un apartamento diminuto. Ryan vendió su coche nuevo de alta gama y se compró un vehículo que ya tenía diez años, sin ni un pago mensual. Ambos eliminamos nuestras suscripciones de televisión por cable y de radio satelital, así como otras facturas de artículos de lujo, lo que nos ahorró cientos de dólares cada mes. También hicimos cosas «raras» como repartir pizzas, trabajar horas extras y encontrar otras formas de complementar nuestros ingresos a corto plazo para poder pagar nuestras deudas en menos tiempo. Además, vendimos cientos de cosas –aparatos electrónicos, muebles, ropa, DVD, libros, diferentes colecciones, herramientas, equipos de jardinería– que no eran esenciales, y usamos ese dinero para pagar nuestras deudas. Todo lo que no estaba clavado en el suelo de nuestras casas terminó en eBay. Ahora todo lo que poseemos tiene una razón de ser o nos da alegría, y no añoramos ninguno de los cachivaches de antaño.

¿No sabes cómo empezar a minimizar? Visita nuestra página «Start Here» en minimalists.com/start para encontrar sugerencias y mejores prácticas.

Paso 5. Contribuir. El camino más corto hacia la libertad es apreciar lo que ya tienes. Una de las mejores maneras de estar agradecido por los regalos que ya te han dado es cambiar de perspectiva.

Para hacerlo, da tu activo más preciado: tu tiempo. Lleva a tu familia a un comedor de beneficencia local, a un banco de alimentos o a un refugio para personas sin techo. Hazte tutor de niños sin recursos de tu ciudad. Ayuda a los ancianos llevándoles comida o en tareas del hogar. Trabaja en casas de familias con bajos ingresos a través de Habitat for Humanity. Existen más recursos que nunca para que puedas contribuir, solo tienes que hacer una búsqueda por internet de voluntariados en la zona en donde vives.

Hagas lo que hagas para ejercitar tu músculo contributivo, no tiene por qué ser espectacular, solo tiene que contribuir a mejorar la vida de otra persona. Si lo haces durante unas cuantas semanas, te darás cuenta de que tus problemas económicos son mínimos en comparación con muchos de los problemas del mundo que te rodea. Al descubrir la insignificancia de tus problemas económicos, te sentirás empoderado para tomar medidas drásticas y superar tus problemas relativamente menores.

En un periodo de tiempo corto, dos o tres años, tu vida entera puede transformarse radicalmente respecto de lo que es hoy. Todo lo que necesitas es un plan (que ahora ya tienes), determinación (es decir, convertir tus «tendría que» en «tengo que») y una acción coherente en la dirección correcta.

La libertad económica no es fácil, pero eso ya lo sabías antes de leer este libro. La parte más emocionante de estos cinco pasos es que valen para cualquier persona, en cualquier lugar que se encuentre de la escala socioeconómica. Hemos visto que estos principios funcionan para miles de personas, ya sea alguien que gana un sueldo mínimo o alguien que gana uno de seis cifras, ya seas soltero o tengas media docena de hijos, porque no se trata de nuestro nivel de ingresos, se trata de las decisiones que tomamos con los recursos que tenemos.

Ahora estás equipado con una receta para hacer cambios económicos excepcionales, y eso te ayudará a levar el ancla del dinero. Obviamente es bienvenido cualquier ingrediente de tu propia cosecha que quieras añadir, pero si hablamos de una verdadera libertad económica, estos cinco ingredientes, presupuesto, inversión, eliminación de deuda, minimizar y contribuir, no son negociables. Los cinco son imprescindibles.

Sí, todavía te queda bastante por investigar y planificar y un arduo trabajo por delante, pero lo más importante de todo es que tienes que pasar a la acción hoy. La diligencia es primordial.

Encuentra tu pasión

Cuando hayas levado todas las anclas que te mantenían amarrado, verás que el horizonte se despeja tremendamente, lo cual te permitirá concentrarte en encontrar su pasión.

La primera pregunta que solemos hacer a todo el mundo es bastante típica: ¿qué harías con tu vida si no tuvieras que preocuparte por el dinero? La mayoría de las personas que buscan su pasión todavía siguen fuertemente amarradas a algunas (si no a todas) de las cuatro anclas mencionadas anteriormente y eso les hace dar una respuesta bastante común: no lo sé.

Si no lo sabes, es probablemente porque todavía te quedan anclas que eliminar. Quizás te da miedo lo que pueda decir la gente si les dices que te gustaría ser payaso (pasaron años antes de que Joshua dijera a todo el mundo que quería ser escritor, porque tenía miedo de las reacciones). A lo mejor no estás seguro de la estabilidad económica que tendrás como mascota de un equipo de béisbol profesional. Quizás te preocupe no ganar suficiente dinero como para sentir que eres alguien. Sean cuales sean las anclas que te retienen, tienes que deshacerte de ellas para encontrar tu pasión.

Cuando te hayas liberado de tus anclas, podrás contestar la pregunta anterior. A veces es más fácil responder a esa pregunta si se formula de otra manera. Pon por escrito tus respuestas a las siguientes preguntas:

> ¿Cuándo fue la última vez que sentiste verdadera emoción?
>
> ¿Qué otras cinco experiencias (diferentes de la anterior) te han hecho sentir emoción?
>
> ¿Por qué estabas emocionado en cada uno de esos momentos?
>
> ¿En qué experiencias te duró más tiempo el entusiasmo?
>
> ¿Estas emociones tenían algún denominador común?
>
> ¿Cómo era la emoción que sentiste? (¿Cómo cambió tu fisiología en estas ocasiones? ¿Cuál era tu postura? ¿Cómo

eran tus expresiones faciales? ¿Y tu respiración? ¿Y tu ritmo cardíaco? ¿Qué otras cosas le pasaban a tu cuerpo?)

Cuando tengas claro cómo es la emoción y cómo te hace sentir y seas capaz de relacionarla con experiencias concretas que te han entusiasmado, te será más fácil responder a la pregunta «¿Qué harías con tu vida si no tuvieras que preocuparte por el dinero?». Respuesta: «Haría cosas que me emocionasen todos los días». Bien, ¿qué es lo que más te emociona durante un periodo de tiempo más largo? Eso es probablemente tu pasión.

Dicho de otra manera, la pasión es mitad amor, mitad obsesión. Entonces, ¿qué te gustaría hacer todos los días? ¿Qué es lo que te obsesiona? En la intersección de esas dos cosas está tu pasión.

Ahora ponte ese disfraz de payaso y vamos a descubrir cómo convertirlo en tu misión.

Convierte tu pasión en tu misión

Sabemos lo que estás pensando: «Vale, genial, pero nadie me va a pagar un sueldo para ser payaso/trompetista/(inserta aquí una verdadera pasión)». No me digas, ¿en serio? Quizás la actitud no sea exactamente esa. La verdad es hay personas que se ganan la vida haciendo lo que a ti te apasiona: haciendo lo que tú amas obsesivamente.

«¡Pero esas personas tuvieron suerte!» Bueno, tal vez algunas tuvieron suerte, y tal vez algunas estaban en el lugar correcto en el momento correcto, pero incluso para la suerte hay una receta que asegura un éxito continuado. Además, hay miles de personas que persiguen tu misma pasión (¡y que se ganan bien la vida con ella!) que no tuvieron suerte, que no alcanzaron el estrellato ni obtuvieron todo lo que querían de la noche a la mañana. Invirtieron muchas horas de trabajo, experimentaron fracasos y pérdidas debilitantes y siguieron obsesivamente ese faro de pasión hasta que pudieron llamarlo su misión a tiempo completo. ¿Por qué no aprender de ellas?

Si quieres aprender cómo convertir tu pasión en tu misión, la manera más rápida y eficiente de lograrlo es imitando a alguien que ya lo está haciendo. A eso se le llama *modelado*, y es lo que hicimos nosotros. Vimos que gente como Colin Wright, Leo Babauta, Tammy Strobel y Joshua Becker hacían lo que queríamos hacer nosotros, escribir y ayudar a las personas de una manera significativa; y sabíamos que todos ellos ya tenían una receta para el éxito; sabíamos que habían aprendido gracias al método de prueba y error, y, por lo tanto, sabíamos que podíamos aprender de sus éxitos y de sus fracasos. Durante un año entero nos reunimos con cada uno de ellos personalmente –todos vivían a miles de kilómetros de distancia– y aprendimos de sus experiencias. Les invitamos a café o a almorzar y les propusimos agregar valor añadido de todas las maneras que se nos ocurrieron. Tomamos notas incansablemente y les agradecimos haber añadido valor a nuestras vidas. Nos mantuvimos en contacto con ellos por correo electrónico, teléfono, Skype, redes sociales, etcétera, y con el tiempo reforzamos el vínculo. Después de hablar con ellos y aprender de sus experiencias, nos quedó claro lo que teníamos que hacer para convertir nuestra pasión en nuestra misión. Fue entonces cuando pasamos a la acción; fue entonces cuando creamos nuestra web y nos pusimos a trabajar para añadir valor a la vida de otras personas con nuestros artículos y otros contenidos.

Tu tarea es hacer lo mismo: encontrar al menos a tres personas que se ganen la vida haciendo lo que a ti te apasiona. No tiene que ser necesariamente parecido a lo que hicimos nosotros. Tu pasión no tiene por qué consistir en crear una web, escribir o dedicarte al comercio electrónico. La naturaleza concreta de tu pasión no es lo importante. Lo verdaderamente importante es que conozcas a personas que hagan lo que quieres hacer tú, que aprendas de ellas, que asimiles sus conocimientos y que tomes medidas contundentes.

No es tan fácil

Puede que estés pensando: «Pero, chicos, ¡es más fácil decirlo que hacerlo!».

Sí, es más fácil decirlo que hacerlo: lo sabemos porque nosotros lo hemos hecho. Pasamos de estar anclados por las deudas, el estatus y unas carreras profesionales que no nos apasionaban a perseguir nuestra pasión y vivir nuestra misión.

Ahora ganamos menos dinero y, a veces, dedicamos más horas a la semana a nuestro trabajo de las que dedicábamos a nuestros trabajos corporativos, pero amamos lo que hacemos y nos obsesionamos por ello, y por eso no tenemos la sensación de estar trabajando.

Desde luego no fue fácil; tuvimos que tomar medidas drásticas para levar nuestras anclas; necesitamos coraje para rechazar ciertos imperativos sociales y poder vivir una vida plena y con sentido. Pero valió la pena, y vale la pena para ti también. Te mereces perseguir tu pasión, te mereces vivir tu misión, te mereces vivir una vida con sentido.

Lectura adicional: cultivar la pasión

- «Follow Passion Is Crappy Advice»: minimalists.com/cal
- «20 Questions for a Minimalist»: minimalists.com/20q
- «An Extraordinary Life»: minimalists.com/extraordinary

5. Crecer

El significado de la vida

Hemos reservado los dos capítulos más importantes para el final: crecer y ayudar a los demás. Estos dos valores van de la mano para dar sentido a nuestra vida: crecer como individuos y ayudar a los otros.

La importancia del crecimiento personal

Crecer es el más importante de los cinco valores. ¿No nos crees? Vamos a demostrártelo.

Imagínate que te toca la lotería, que nunca has estado en mejor forma física, que has encontrado a tu alma gemela, que tus relaciones personales son excelentes, que no tienes deudas, que te mudas a la casa de tus sueños (en la playa, claro), que has encontrado tu verdadera pasión y que has descubierto tu misión en la vida.

¿Y ahora, qué? ¿Te sientas y te vas a pescar al lago todos

los días? ¿Te plantas delante del televisor a hincharte de patatas fritas y a disfrutar del resplandor azulado de la pantalla? Pues claro que no. Deseas continuar disfrutando de tu nueva vida, con tu salud a prueba de bomba, unas relaciones magníficas y esas pasiones recién descubiertas. Por lo tanto, tienes que seguir mejorando; tienes que seguir creciendo. Si no creces, es que te estás muriendo; y si te estás muriendo, entonces, por definición, no vives una vida con sentido.

Cambios graduales

Una vez que has introducido un cambio en tu vida, no creas que el viaje ha terminado, debes continuar haciendo cambios si quieres ser feliz a largo plazo. Piensa en todos los cambios que ya has hecho, muchos de los cuales te hubieran parecido imposibles hace cinco o diez años. ¿Cómo fuiste capaz de hacerlos? Pues lo más probable es que lo hayas hecho de una de estas dos maneras: a saltos de gigante o a pasos de bebé.

Saltos de gigante

Algunos cambios son enormes e inmediatos. Por ejemplo, acabar una relación amorosa, renunciar a tu empleo de un día para otro, recoger los bártulos y mudarte a otra ciudad, hacer una gran adquisición (una casa o un coche) y cosas por el estilo. En este capítulo no vamos a tratar este tipo de cambios gigantes. Aunque a veces son cambios necesarios, en general solo hay una manera de que los saltos de gigante den buenos resultados: esperar hasta que llegue el momento adecuado y saltar. Por lo tanto, analizaremos otros tipo de cambios más importantes en tu vida: los pasos de bebé, porque esos son los que al final te permiten dar los saltos de gigante.

Cambios graduales todos los días

La mayoría de cambios se producen de un modo gradual: no se da un salto gigante de una sola vez, sino que se hacen cambios pequeños y graduales en la vida cotidiana, que equivalen a cambios de gran envergadura con el paso del tiempo.

Por ejemplo, no hay nadie que vaya al gimnasio un día, haga ejercicios muy difíciles y espere estar en forma el resto de su vida. No funciona así. Del mismo modo, la mayoría de los cambios que hacemos consisten en mejorar poco a poco y todos los días los cambios anteriores.

La gran mayoría de cambios que hemos hecho en nuestra vida, en relación con la salud, con el trabajo y con las relaciones personales, han tenido que ver con estos cambios graduales y diarios. Cuando hacemos estos pequeños cambios, en nuestra vida cotidiana no se aprecian cambios considerables, pero cuando echamos un vistazo por el retrovisor, todo se ve diferente.

Reunir suficiente estímulo

El primer paso para cualquier cambio, sea grande o pequeño, es tomar la decisión de cambiar. Estamos hablando de tomar una decisión real –una decisión en la que el cambio se convierta en una obligación–, no algo que quizás cambiarás algún día cuando te venga bien.

Tomar estas decisiones puede ser fácil o difícil, dependiendo de un factor importante: el estímulo.

El estímulo es la capacidad de asociar tanta satisfacción con ese cambio que no pueda consistir en nada más que en convertirse en una *obligación* en nuestra vida (es decir, «Tengo que hacer ejercicio» es bastante diferente de «Tendría que hacer ejercicio»). Cuanto más estímulo tengamos, más fácil será tomar una decisión y cumplirla, porque la satisfacción que experimentaremos al otro lado del cambio es tan grande *que es una obligación* que el cambio se convierta en realidad.

Cuando un cambio no es duradero, es porque no vemos que nos comporte suficientes beneficios a largo plazo (o sea, no asociamos suficiente satisfacción al cambio o bien lo asociamos a demasiada insatisfacción).

Pero cuando asociamos una inmensa satisfacción con un cambio, ese cambio se convierte para nosotros en una necesidad imperiosa. Por ejemplo, en nuestro caso la satisfacción de vivir una vida sana fue suficiente para que introdujéramos cambios considerables en la dieta y en el ejercicio físico. Para obtener este estímulo, asociamos insatisfacción con nuestro estado de aquel momento (o sea, cómo nos veíamos al mirarnos en el espejo, cómo nos sentíamos después de una comilona y todos los demás aspectos negativos que en general nos hacían sentir fatal). Luego empezamos a asociar una inmensa satisfacción con los cambios diarios que íbamos haciendo (es decir, disfrutar de la comida entendiéndola como alimento, no como entretenimiento; disfrutar al hacer ejercicio físico a diario, hallar satisfacción en los pequeños cambios que se producían en nuestros cuerpos día a día).

Pasar a la acción

Una vez que hemos tomado la decisión de hacer un cambio en nuestra vida –cuando ya hemos conseguido reunir suficiente estímulo–, es importante pasar a la acción de inmediato para hacerlo efectivo. No significa que tengas que ponerte a correr quince kilómetros para mejorar la salud o que debas renunciar a tu trabajo hoy mismo para perseguir tu pasión. Al contrario, se trata de dar un paso en la dirección correcta. Primero tienes que tomar un poco de impulso. De lo contrario, experimentarás mucha insatisfacción y el cambio no será duradero.

Los primeros pasos son cruciales. Cuando ya tienes suficiente estímulo, el cambio se vuelve divertido y emocionante, y deseas continuar mejorando y creciendo. Entonces quieres encontrar pequeñas maneras de hacer mejoras en cada aspecto de tu vida, ya sea entrenando todos los días, fortaleciendo tus relaciones con una conversación significativa al día, dedicando una hora a eso que tanto te apasiona, etc. Estos pequeños cambios van sumando rápidamente y se van montando uno sobre otro como ladrillos de un edificio. Muy pronto mirarás por el retrovisor y te sorprenderá ver el progreso que has hecho.

Eso es lo que nos sucedió a nosotros. Al cabo de unos pocos años, todo cambió: dejamos nuestros trabajos corporativos, cambiamos nuestra dieta, comenzamos a hacer ejercicio regularmente, mejoró nuestra salud, fortalecimos nuestras relaciones principales, creamos relaciones nuevas, comenzamos a cultivar nuestras pasiones y ayudamos a muchísimas personas. No sabíamos que se podían hacer tantos cambios en tan poco tiempo, pero cuando miramos hacia atrás, agradecemos el haber decidido tomar medidas graduales y cotidianas que lo cambiaron todo para nosotros en un período relativamente corto de tiempo.

Pon el listón alto

Ocurre muchas veces que lo que ayer nos parecía imposible, mañana nos parecerá fácil. Si deseas continuar creciendo, tienes que seguir poniendo el listón bien alto; de lo contrario, te quedarás estancado. O peor, si pones el listón bajo, te atrofiarás.

Al mismo tiempo que pasas a una acción gradual y diaria, es importante que pongas el listón un poco más alto cada día, especialmente cuando te resulte incómodo. Salir de la zona de confort es una parte importante del crecimiento. No es necesario que lo pongas muy alto, pero sí lo bastante como para que el cambio sea un poco más difícil cada día. Con el paso del tiempo, el nivel que has ido aumentado gradualmente se habrá acumulado y habrá producido cambios más grandes de lo que nunca te hubieras podido imaginar.

En nuestro caso, el ejemplo más evidente de poner el listón alto fue en relación con la salud. Cuando tomamos la decisión de introducir cambios tanto en la dieta como en el ejercicio físico y comenzamos a realizar acciones diarias para mejorar ambos aspectos, también decidimos poner el listón un poco más alto cada día, sobre todo con el entrenamiento físico. Hubo una época en que ninguno de los dos movíamos un solo músculo ni por casualidad. En el caso de Joshua, era incapaz de hacer una sola flexión o de colgarse en la barra para hacer una dominada. Al principio, aprendió algunas técnicas que le permitieron hacer versiones modificadas de ambos ejercicios hasta que un día pudo hacerlos sin problemas. Una flexión se convirtió en dos y dos pasaron a diez, que finalmente se convirtieron en más de cien seguidas. Lo mismo ocurrió con otros ejercicios. Si hubiera intentado hacer cien flexiones el día que empezó a entrenarse, habría fracasado. Ese fracaso le habría reportado mucha insatisfacción y desalentado su progreso. Es probable que se hubiera dado por vencido. Sin embargo, fue poniendo el listón un poco más alto cada día, edificando sobre los logros del día anterior.

Acciones regulares y constantes

A la vez que sigues poniendo el listón cada vez un poco más arriba, es importante que te concentres en acciones constantes y regulares. Dicho de otra manera, es más fácil poner el listón un poco más alto cada día que subirlo siete veces de golpe cada semana o treinta veces cada mes.

Por ejemplo, es importante fortalecer las relaciones personales todos los días. Será más beneficioso que seas amable y cariñoso con tu pareja hoy y mañana que no que hoy le pegues un grito y mañana le compres flores.

Lo mismo puedes aplicar a todos los aspectos de la vida: la clave de un crecimiento real es la regularidad y la constancia. Una acción constante y gradual que se lleva a cabo un día sí y otro también es la manera de cambiar nuestra vida. Al principio te parecerá que es una escalada lenta, pero una vez que reúnes suficiente impulso, no querrás detener tu crecimiento. Crecer es lo que te hace sentir vivo.

6. Ayudar a los demás

La importancia de ayudar a los demás

El ayudar a los demás es el más importante de los cinco valores. ¿No nos crees? Vamos a demostrártelo.

Imagínate que te toca la lotería, que nunca has estado en mejor forma física, que has encontrado a tu alma gemela, que tus relaciones personales son excelentes, que has pagado tus deudas, que te mudas a la casa de tus sueños (en la playa, claro), que has encontrado la pasión de tu vida, que has descubierto tu misión y que sabes cómo crecer cada día.

¿Y ahora qué? ¿Vas a disfrutar de tu riqueza, fortuna y fama hundiéndote en un montón de monedas, nadando entre billetes como el tío Gilito? No lo creo.

Crecer lleva a ayudar a los demás

A medida que crecemos, ocurre algo sorprendente, tenemos más cosas que ofrecer. Es un ciclo asombroso, cuanto más crecemos, más podemos ayudar a crecer a los demás; y cuanto más ayudamos a crecer a los demás, más crecemos nosotros.

Más allá de uno mismo

Crecer nos hace sentir muy bien, pero ayudar a los demás aún nos hace sentir mejor. Y eso se debe a que a menudo hacemos más por las personas que queremos que por nosotros mismos.

La razón por la que estamos dispuestos a ayudar a la gente a la que queremos es que tenemos la necesidad intrínseca de ayudar más allá de nosotros mismos: es un instinto humano básico.

Maneras de ayudar

Lo más increíble de darse a los demás es que hay muchas maneras de hacerlo. Y no hay maneras correctas o incorrectas de ayudar: todas son positivas. Por eso es importante aprender qué tipo de ayuda necesitan las personas que nos rodean.

Más adelante, en este capítulo, te contaremos cómo colaboramos con las organizaciones benéficas locales, también en línea, pero es importante señalar que dedicar nuestro tiempo a este tipo de organizaciones no es la única forma de ayuda. Hay pequeñas maneras de ayudar en muchas de nuestras actividades cotidianas.

En nuestra etapa corporativa, ambos dirigíamos grandes

equipos humanos en empresas importantes. Entonces descubrimos que la parte más gratificante de nuestro trabajo diario giraba en torno a procurar orientación a otras personas: cuando nos sentíamos más satisfechos era cuando añadíamos valor a la vida de los demás. Por consiguiente, tanto si dedicas tu tiempo a una organización benéfica como si encuentras otras maneras de ayudar a tus relaciones principales, estás haciendo una cosa: añadir valor.

Añadir valor

«¿Cómo añade valor esta actividad?» es la pregunta que nos hacíamos cada día cuando trabajábamos en grandes empresas. Más que cualquier otra cosa, esta pregunta nos ayudó a lograr buenos resultados. Les preguntábamos lo mismo a nuestros empleados: «¿Cómo habéis añadido valor hoy?».

Hoy en día, seguimos haciéndonos esta pregunta a diario.

En esencia, nos ayuda a identificar de qué manera ayudamos. Si no damos con la respuesta adecuada, vale la pena que nos planteemos otra: «¿Cómo podría añadir valor a esta situación?». O: «¿Cómo podría añadir valor de una manera más adecuada?». Planteándonos estas preguntas, empezamos a entender cómo usar nuestro tiempo para ayudar a los que nos rodean.

Por ejemplo, ¿has escuchado alguna vez un breve discurso o monólogo que te haya incitado a pasar a la acción de inmediato? ¿Has asistido en algún momento a una clase en la universidad o en el instituto que haya añadido valor a tu vida? Si eres como la mayoría de la gente, la respuesta es *sí* a ambas preguntas. Pero si has tenido la oportunidad de añadir un gran valor a la vida de otra persona en una sola hora, ¿no tiene más sentido eso que intentar alargar esta ayuda durante semanas o meses? Por supuesto que sí.

Aunque pueda parecer un ejemplo muy extremo, lo importante es aprovechar al máximo nuestras interacciones. Si no dejamos de preguntarnos «¿Cómo puedo añadir valor?», empezaremos a hallar algunas respuestas. Cuando pensamos en términos de añadir valor, empezamos a darnos cuenta de que todo lo que hacemos añade valor de varias maneras, porque con el tiempo habremos eliminado todo lo que no suponga un valor añadido a nuestra vida o a la de los demás.

Cómo ayudar

En nuestro caso, hemos descubierto un montón de maneras de contribuir y ayudar a los miembros de nuestra comunidad, así como a personas de todo el mundo (a través de nuestra web).

Por ejemplo, a escala local hemos donado nuestro tiempo a Habitat for Humanity, comedores de beneficencia y varias organizaciones benéficas. Hemos ayudado a pintar escuelas, recaudar dinero, limpiar calles, pintar bocas de incendios y parques, y en general hemos ayudado a nuestra comunidad con distintas actuaciones.

Por otro lado, nuestra web ha reunido a millones de lectores de todos los países del mundo, y gracias a eso hemos aumentado nuestra contribución a la sociedad: hemos colaborado a la construcción de una escuela primaria en Laos, a la instalación de pozos de agua potable en Malawi, a la financiación de una escuela secundaria en Uganda durante un año, a la construcción de un orfanato en Honduras y a otros proyectos similares en todo el mundo.

Así pues, existen por lo menos dos maneras de contribuir y ayudar a los demás:

Organizaciones locales. Podemos contribuir y apoyar a organizaciones locales cuya misión es ayudar a la comunidad local (por ejemplo, Habitat for Humanity, Big Brothers Big Sisters y otras organizaciones sin ánimo de lucro, refugios para personas sin techo, comedores de beneficencia, etcétera). Si te interesa una lista de las mejores organizaciones no gubernamentales para empezar, puedes consultar la página volunteermatch.org o echar un vistazo a los anuncios clasificados de los periódicos gratuitos locales.

Proyectos propios. A muchas personas les gusta tanto ayudar a los demás que acaban creando su propio proyecto. En nuestro caso, abrimos una página web en la que documentamos nuestro viaje y compartimos consejos y experiencias. Para otros, puede significar otras cosas: desde crear un huerto comunitario hasta proporcionar formación laboral a jóvenes de zonas urbanas marginadas. En general, cuando se inicia un proyecto propio, lo normal es empezar apoyando a las organizaciones locales, para ir determinando cómo puede añadirse valor en el proceso.

Nosotros preferimos combinar los dos tipos de ayuda, porque la satisfacción que aportan tiene matices un poco distintos.

Dedicar tiempo a una organización sin ánimo de lucro nos proporciona la oportunidad de conocer a la gente personalmente y a la vez conectarnos a la comunidad en su conjunto.

Por otro lado, la web nos permite ayudar intelectualmente a un grupo mucho más numeroso de personas de una manera que no sería posible sin internet.

Se empiece por donde se empiece, lo cierto es que el punto de partida se situará en algún sitio relativamente alejado de nuestra zona de confort. Es perfectamente comprensible. Tendremos la necesidad de explorar distintas organizaciones –distintas localidades, distintas personas– hasta encontrar la que encaje mejor con nuestra personalidad y nuestros intereses. También es recomendable la variación en la ayuda, para que nuestra aportación nos parezca tan interesante y emocionante como la primera vez.

La satisfacción es la misma en proyectos grandes o pequeños

Lo bueno de ayudar a los demás es que no importa cómo contribuyamos, la satisfacción que uno siente es exactamente la misma; es una satisfacción que no se puede comprar con nada. Nosotros empezamos nuestra contribución a pequeña escala, mucho antes de poner en marcha nuestra web, buscando actos de beneficencia locales en los que pudiéramos participar. Trabajábamos con cualquier grupo que diera su tiempo y ayudábamos como podíamos. Tras haber participado en algunas actividades, descubrimos algo que no habíamos previsto: nos sentíamos extremadamente satisfechos con nuestra contribución; ayudar más allá de nosotros mismos nos producía una profunda satisfacción que se trasladaba también a otros aspectos de nuestra vida.

Extender cheques no es la respuesta

Solemos oír frases como «No tengo tiempo para dedicarme a actos de beneficencia; extenderé un cheque para compensarlo». Aunque dar dinero a una organización sin ánimo de lucro es encomiable (y recomendamos hacerlo si uno puede permitírselo), la satisfacción que producen estas donaciones es insignificante en comparación con el compromiso auténtico. Las interacciones cara a cara, el esfuerzo físico y la actividad mental de estar completamente inmersos en la ayuda son mucho más gratificantes que dar dinero.

Dos tipos de experiencias positivas

Hay dos tipos de experiencias positivas en la vida:

Experiencias positivas que nos gustan. Para algunas personas esta categoría incluye actividades como hacer deporte, enseñar a un niño a montar en bicicleta, hacer *snowboard*, ver un partido de fútbol en casa de un amigo y cosas por el estilo. A menudo las mejores experiencias de nuestra vida se hacen casi sin esfuerzo. Son fáciles porque son emocionantes, gratificantes y satisfactorias. Por desgracia, este tipo de experiencias son poco habituales en comparación con el segundo tipo de experiencias positivas.

Experiencias positivas que no nos gustan. Para algunas personas esta categoría incluye la mayor parte de las experiencias que les son beneficiosas, como comer verdura, hacer ejercicio a diario, realizar un trabajo manual, conversar con sus seres queridos todas las noches, asumir nuevos retos.

Por qué las personas no ayudan

La razón por la que no ayudamos tanto como deberíamos (o como querríamos) es porque muchas veces identificamos la experiencia de ayudar con una experiencia positiva que nos desagrada. Y es evidente que los seres humanos tenemos la tendencia natural a evitar lo que no nos gusta. Esto debe cambiar si queremos experimentar de verdad una satisfacción duradera.

La clave para vivir una vida con sentido

El segundo tipo de experiencias positivas –las experiencias positivas que no nos gustan– son la clave para vivir una vida con sentido.

Es decir, encontrar la manera de transformar las experiencias positivas que no nos gustan en experiencias positivas que sí nos gustan es la clave para cambiar nuestra vida a largo plazo. Esta estrategia única es esencial para la felicidad y la satisfacción duraderas, y la clave para vivir una vida con sentido.

Esta estrategia no solo nos permite cambiar nuestra relación con el ayudar a los demás; puede ser efectiva en todos los ámbitos de nuestra vida. Hemos esperado hasta ahora para compartir este elemento clave y poder analizar cómo puede aplicarse a los cinco valores.

El ejemplo de la salud. No es fácil hacer ejercicio cada día antes de empezar un arduo día de trabajo. Es más fácil dormir media hora más. Pero sabemos, sin ninguna duda, qué experiencia es más beneficiosa para nosotros: el ejercicio matutino nos ayudará a empezar mejor el día, nos dará el impulso y la energía que necesitamos para hacer frente a lo que nos espera y será mucho más útil que media hora más de sueño.

El ejemplo de las relaciones personales. No es fácil llegar a casa después de un largo día de trabajo y charlar durante una hora con las personas que amamos; es mucho más fácil perderse en la hipnótica luminiscencia de la televisión. Pero, una vez más, esta conversación vespertina con nuestra pareja o amigos cercanos fortalecerá nuestras relaciones y añadirá mucho más valor a nuestra vida (y por supuesto a la suya) de un modo que la televisión no podrá hacer.

El ejemplo de la pasión. No es fácil quedarse en casa por la noche trabajando obsesivamente en eso que nos apasiona, mientras nuestros amigos y compañeros de trabajo están tomando copas en el bar; es más fácil salir a su encuentro y tomarse una cerveza, picar unos nachos y charlar de cosas banales.

El ejemplo del crecimiento. No es fácil embarcarse en nuevas experiencias, como encontrar nuevas formas de hacer ejercicio, poner en marcha un nuevo negocio o conocer gente nueva; es más fácil seguir haciendo lo de siempre, permanecer en nuestra zona de confort y evitar nuevas iniciativas creativas porque pueden fracasar.

El ejemplo de la ayuda. Igualmente, respecto a la ayuda a los demás, no es fácil levantarse de la cama un sábado por la mañana para ponerse a trabajar en una acción comunitaria; es más fácil barrer o poner un poco de orden en casa, ver por televisión el partido de la temporada o simplemente quedarse sin hacer nada en absoluto.

La cuestión es que siempre nos sentiremos tentados por

algo que nos impedirá hacer cosas que dan sentido a nuestra vida. La buena noticia es que podemos evitar estas tentaciones transformando las experiencias positivas que *no nos gustan* en experiencias positivas que *sí nos gustan*. Así, disfrutaremos de todas las experiencias positivas que se relacionan con nuestra vida. Nosotros hemos encontrado la manera de convertir las experiencias que nos parecían aburridas en actividades divertidas e interesantes.

Ayudar es divertido y emocionante

Sea cual sea el tipo de actividades que hagamos, nosotros dos hacemos todo lo posible para asegurarnos de que disfrutamos con ellas. Ya sean actividades relacionadas con la salud, con las relaciones personales, con nuestras pasiones, con el crecimiento personal o con la ayuda a los demás, lo importante es buscar la manera de que sean divertidas, entretenidas y emocionantes.

Ayudar a los demás es algo muy serio, pero nosotros no nos lo tomamos muy en serio. Al contrario, nos gusta jugar, nos divertimos con lo que hacemos, disfrutamos del proceso. Y lo hacemos respondiendo a una pregunta: «¿Cómo podríamos lograr que esta experiencia fuera agradable y divertida?». Parece una pregunta elemental, pero es la base para convertir las experiencias positivas que no nos gustan en experiencias positivas que nos gustan.

Inténtalo: piensa en algo en lo que puedas ayudar más allá

de ti mismo (preferiblemente de una manera nueva para ti). Si no sabes cómo empezar, utiliza la web que te hemos indicado en este capítulo: volunteermatch.org. Cuando hayas encontrado tu manera de ayudar, pregúntate cómo puedes convertir esta experiencia en algo divertido e interesante. Escribe las respuestas que se te ocurran.

Por ejemplo, una tarde fría de finales de otoño, pocas semanas antes de escribir esto, los dos estábamos colaborando con Habitat for Humanity en la construcción de una casa para una familia de Dayton (Ohio). Mientras estábamos colocando el revestimiento del edificio, empezó a caer una lluvia fría que nos dejó toda la ropa empapada y las herramientas completamente mojadas. No fue agradable. Al menos no lo fue al principio. Ryan miró a Joshua y le preguntó: «¿Cómo nos lo podríamos pasar bien con esto?». Aunque era una pregunta elemental, la respuesta no era fácil: no es fácil disfrutar de la lluvia mientras estás en una obra tratando de revestir una pared exterior con cemento. Empezamos, pues, a devanarnos los sesos mientras seguíamos colocando el revestimiento: ¿Y si pidiéramos a los niños que salieran de casa y nos ayudaran? ¿Y si organizásemos un concurso para ver quién se da más prisa en colocar el revestimiento? ¿Y si nos pusiéramos a cantar como un par de idiotas mientras trabajamos? ¿Y si nos hiciéramos pasar por obreros de la construcción como Robert DeNiro y Christopher Walken en *El cazador*? ¿Y si cada cinco minutos parásemos para hacer unas cuantas flexiones bajo la lluvia? ¿Y si entráramos en la casa hasta que dejara de llover, hiciéramos chocolate caliente para todos y contáramos historias? Luego todos podrían ayudarnos a acabar el trabajo cuando dejara de llover. ¿Y si, y si, y si?

En unos minutos teníamos más de una docena de respuestas, la mayoría bastante absurdas. Pero escogimos algunas y les dimos una segunda oportunidad y así fue como disfrutamos con una tarea por otra parte aburrida. Bromeamos, nos reímos y nos lo pasamos muy bien. Convertimos una actividad aburrida en algo con lo que disfrutamos: un gran día de ayuda que no olvidaremos durante mucho tiempo.

Dar es vivir

A menos que ayudes más allá de ti mismo, te sentirás siempre como una persona egoísta. Está bien actuar en beneficio propio, pero hacerlo siempre y exclusivamente da como resultado una existencia vacía. Una vida sin ayudar a los demás es una vida sin sentido. Lo cierto es que dar es vivir. Nos sentimos verdaderamente vivos solo cuando crecemos y ayudamos. De eso trata la vida real. Eso es lo que significa vivir una vida con sentido: una vida saludable, con relaciones excelentes y máxima pasión.

7. Confluencia

¿Cuál es el valor más importante?

En los cinco capítulos anteriores, hemos explorado los cinco valores que ayudan a vivir una vida con sentido. Probablemente, te habrás dado cuenta de que hemos empezado cada capítulo presentando las razones por las que cada valor era el más importante de los cinco. A decir verdad, todos son muy importantes. Pero ¿qué ámbito es el más importante?

Es una pregunta que nos hemos repetido infinidad de veces, y solemos llegar a una conclusión diferente cada vez. La respuesta más honesta es que los cinco valores tienen la misma importancia. La respuesta más precisa es que la importancia de cada valor cambia con el tiempo para cada uno de nosotros. Así, todos experimentamos etapas –ya sean cortas o largas, de un día o un mes– en las que un valor en concreto tiene más importancia que los demás.

Los dos valores más importantes para las personas

Con el tiempo, nos hemos dado cuenta de que a menudo hay dos valores que encabezan la lista de prioridades de una persona. En otras palabras, de los cinco valores, tendemos a priorizar dos. Es decir, aunque cada persona irá pasando por los cinco valores –priorizando uno de ellos en un momento determinado–, habrá dos que aparecerán en los primeros puestos de la lista más a menudo que los demás. De nuevo, esto puede variar considerablemente en función de cada persona y de sus deseos y creencias.

Los dos valores principales de Joshua

Para Joshua, los dos aspectos de su vida que tienden a recibir mayor atención son la salud y la pasión. Satisface su pasión escribiendo cada mañana cuando se levanta de la cama (lee su artículo «Why I Wake at 3:30 AM» en minimalists.com/morning), y se centra en su salud desayunando alimentos sanos y haciendo sus ejercicios. Lo hace de forma natural, pero no siempre ha sido así. No obstante, cuando desarrolló los hábitos que le gustaban, lo que le resultó más fácil fue centrarse en estas dos facetas de su vida.

Eso no quiere decir que ignore el resto: relaciones, crecimiento, ayuda a los demás. Para nada. Pero es importante saber qué dos aspectos conforman nuestros valores por defecto, porque entonces podemos centrarnos en esos otros que no son tan naturales. Joshua sabe que en lo tocante a relaciones, crecimiento personal y ayuda a los demás tiene que hacer un mayor esfuerzo diario. Al centrarse en los valores que le son menos naturales, puede dar un mayor equilibrio a su vida.

Los dos valores principales de Ryan

Para Ryan los valores más importantes son las relaciones y el crecimiento personal. Como gran extrovertido, le gusta estar rodeado de gente, y fomentar sus relaciones es algo natural para él. Por otra parte, su naturaleza competitiva le obliga a competir consigo mismo, lo que estimula su crecimiento personal. Eso significa que ha de hacer un esfuerzo diario para centrarse en los tres valores que ocupan el lugar más bajo en su lista: salud, pasión y ayuda a los demás.

Los tres valores inferiores

Cabe señalar que tener dos valores principales no significa que los otros tres sean menos importantes y debamos olvidarnos de ellos. De hecho, más bien tiene que ser lo contrario. Si nos centramos solo en uno o dos aspectos de nuestra vida, puede que todo lo demás carezca de la atención necesaria, lo que da lugar a una vida desequilibrada e insatisfecha.

Por ejemplo, si alguien enfoca toda su energía a la salud y

a perseguir sus pasiones, y da poca importancia a sus relaciones personales, tiene muchas posibilidades de sentirse solo y deprimido. Si evita crecer, caerá en el estancamiento y la autocomplacencia: una rueda girando en la arena. Si deja de ayudar, se sentirá siempre descontento, porque solo experimentamos verdadera satisfacción cuando ayudamos a otros.

Equilibrar los cinco valores

Identificar cuáles son nuestros dos principales valores es importante, pero el equilibrio entre los cinco es primordial. La única manera de experimentar satisfacción a largo plazo es centrarse en los cinco valores.

Para hacerlo, recomendamos incorporar cada uno de los cinco valores a nuestra vida diaria, pues convertir estos cinco ámbitos en el centro de nuestra cotidianidad es lo mejor para garantizar que viviremos una vida con sentido.

La mejor manera de lograrlo es simplemente hacernos una pregunta: «¿Cómo he incorporado hoy los cinco valores a mi vida?». Es decir, «¿Cómo he enfocado la salud, las relaciones, la pasión, el crecimiento personal y la ayuda a los demás?».

Una vez que somos conscientes de cómo incorporamos estos cinco ámbitos a nuestra vida diaria, empezamos a darnos cuenta de a qué dedicamos el tiempo.

Con cada acción que emprendemos, ambos solemos hacernos la siguiente pregunta: «¿Qué faceta de mi vida mejora esta acción?». Si no mejora ninguno de los cinco valores, entonces tenemos que plantearnos otra pregunta: «¿Cómo puede esta tarea mejorar una de las cinco facetas más importantes de mi vida?». Si lo que hacemos no mejora por lo menos una de las cinco facetas comentadas, directa o indirectamente, es importante encontrar una manera de reducir o eliminar drásticamente aquella acción de nuestra vida cotidiana.

Los días de una gran mayoría de las personas están llenos de tareas aburridas y banales que ocupan gran parte de su tiempo, pero que no agregan valor a su vida. Podríamos dar un millón de ejemplos de acciones diarias que no llevan a una vida intencional. Destacamos algunos:

Fumar. Obviamente, fumar es malo para la salud (es decir, no solo no mejora este aspecto de nuestra vida, sino que tiene un efecto negativo). Además, fumar no agrega valor a nuestras relaciones personales; no nos ayuda a fomentar nuestras pasiones; y por supuesto no nos ayuda a crecer ni tampoco a ayudar a los demás.

Comer en exceso. Al igual que fumar, comer demasiado es perjudicial para la salud y no contribuye a ninguno de los otros aspectos importantes de nuestra vida.

Cotillear. Hablar negativamente de los demás puede dañar nuestras relaciones personales. Además, es evidente que no alimenta ninguno de los otros cuatro valores.

Hay innumerables ejemplos de actividades diarias que no contribuyen positivamente a nuestra vida.

Tómate diez minutos y anota todo lo que hayas hecho en la última semana que no contribuya a los cinco principales ámbitos de tu vida. Ahora pon por escrito cuál es la razón por la que esas actividades no te aportan nada. ¿Cómo puedes reducirlas o eliminarlas de tu vida?

El papel del minimalismo

Así pues, finalmente volvemos al minimalismo. Sabíamos que tendría que ocupar alguna parte de este libro, aparte de las primeras páginas, ¿verdad? Tal vez te preguntes: ¿qué papel desempeña el minimalismo en todo esto?

Nos gustaría que quedara claro que el minimalismo desempeña un papel sustancial en vivir una vida con sentido. Recuerda nuestra definición del primer capítulo: *el minimalismo es una herramienta para eliminar lo innecesario de la vida, focalizar lo esencial y encontrar la felicidad, la realización personal y la libertad.* Este libro trata del minimalismo porque se centra en los cinco aspectos esenciales de la vida. Al aplicar el minimalismo en otros ámbitos (nuestras posesiones, nuestro trabajo, etcétera), podemos centrarnos en lo esencial (los cinco valores).

Así pues, el minimalismo y vivir una vida con sentido van de la mano. El minimalismo es una herramienta que nos ayuda a enfocar lo que es importante y a hacerlo con mucha más facilidad, así como a eliminar el desorden para poder ocuparnos de vivir con más conciencia y libertad.

¿Qué elementos, tareas y relaciones crees que son innecesarios y que, por tanto, puedes eliminar de tu vida para dedicar tu tiempo y tu energía a los cinco valores?

(Si te interesan consejos prácticos sobre este tema, visita la página «Start Here» en minimalists.com/start to start your own journey.)

Una vida con más sentido

También es importante plantearse otra pregunta sobre nuestros quehaceres diarios: «¿Cómo podría afectar positivamente esta actividad a uno o más de los cinco aspectos importantes de mi vida?». Haciéndonos preguntas acertadas como esta, obtenemos mejores respuestas.

No todo lo que hacemos es tan blanco o negro como fumar o cotillear; algunas actividades diarias son mas dudosas. Por ejemplo, ver la televisión. No tiene nada de malo ver la televisión *per se*, pero si consume una gran cantidad de tiempo, puede ser perjudicial para llevar una vida con sentido. Preguntémonos, en cambio, «¿Cómo ver televisión podría influir positivamente en uno o más aspectos de mi vida?». Quizá podría quedar con un amigo para compartir el tiempo dedicado a mirar la televisión y ver nuestro programa favorito, y luego debatir sobre lo que hemos visto. Nosotros dos lo hemos hecho con nuestros programas preferidos. Así no nos quedamos enganchados zapeando sin parar, desperdiciando nuestro tiempo sin añadir ningún valor a nuestra vida. O quizá podemos mirar la televisión mientras hacemos ejercicio en la elíptica para mejorar nuestra salud física.

Muchas de las acciones son dudosas y a menudo habrá más de una manera de lograr que afecten positivamente por lo menos a uno de los cinco valores. Si no encuentras ninguna manera de cambiar una actividad dudosa para que tenga un impacto positivo en los cinco valores, probablemente tendrías que eliminarla (o reducirla drásticamente) de tu vida. Es importante ser sincero con uno mismo al considerar qué aspectos debemos eliminar; haciéndolo obtendremos el mejor resultado posible. Eliminar ciertas cosas de nuestra vida puede ser difícil al principio, pero la gratificación posterior compensa el sacrificio momentáneo.

Otros ejemplos de actos dudosos son pasar demasiado tiempo navegando por internet o en redes sociales, ir de compras, ir y volver del trabajo conduciendo, dormir hasta tarde y permanecer despierto hasta altas horas de la noche.

¿Qué otros aspectos dudosos te quitan tiempo? Haz una lista. ¿Cómo puedes lograr que estas actividades tengan un impacto positivo en uno o más ámbitos de tu vida?

Maximizar los resultados

Algunas de las cosas que hacemos influyen positivamente en más de uno de los cinco valores. Suelen ser algunas de las mejores actividades que nos ayudan a vivir con sentido.

Por ejemplo, nosotros disfrutamos haciendo ejercicio juntos, y eso afecta positivamente a nuestra salud y también a nuestra relación de amistad. Nos gusta trabajar juntos en nuestra web, y eso afecta positivamente a nuestra relación, nos ayuda a crecer, y nos da la oportunidad de ayudar a otras personas y participar activamente en nuestra pasión. Solo con estos dos ejemplos, cubrimos los cinco valores que ayudan a llevar una vida con sentido. Y eso se debe a que algunas actividades nos permiten maximizar los resultados.

¿Qué actividades de las que realizas influyen en más de uno de los cinco valores? ¿Qué puedes hacer para que tus actividades actuales influyan en más de un valor a la vez?

¿Cómo puedes saber si llevas una vida con sentido?

Es una pregunta importante. Por desgracia, la respuesta no es binaria. No existe una lista de verificación ni un conjunto de máximos absolutos con los que podamos evaluar nuestra vida para responder a esta pregunta, del mismo modo que en la vida no tenemos respuestas concluyentes y definitivas para muchas preguntas. ¿Estoy sano? ¿Soy feliz? ¿Estoy contento? ¿Tengo éxito? ¿Soy inteligente? ¿Soy apasionado? ¿Estoy creciendo? ¿Estoy ayudando a los demás? ¿Soy una buena persona?

Tal vez pienses: *«Genial, casi he llegado al final del libro, ¿y no van a decirme si llevo una vida con sentido?».*

No, no vamos a decírtelo. De hecho, *no podemos* decírtelo. Solo tú puedes saber algo así.

Al igual que con las preguntas planteadas más arriba, cada cual se sirve de distintos criterios y reglas internas para responderlas. Podemos opinar que eres una persona inteligente, buena o feliz, pero lo que los demás pensemos no importa. Solo tú puedes saber algo así.

Para medir nuestro éxito en cada uno de los cinco valores, nosotros aplicamos una simple ecuación, a la que llamamos fórmula de éxito simple:

$$\text{Éxito} = \textit{felicidad} + \textit{mejora constante}$$

Esta ecuación vale para cualquiera de los cinco valores. A fin de cuentas, tendrás éxito en cualquiera de estos cinco ámbitos de la vida si eres feliz con lo que eres y si mejoras constantemente en ese determinado ámbito de tu vida.

Por ejemplo, puede que no estés en la mejor forma física, pero si estás contento con los progresos que haces y disfrutas de tu mejora diaria, entonces es que tienes éxito en este ámbito de tu vida. Y al contrario, si estás en muy buena forma, pero no mejoras tu salud con pequeños gestos diarios, a la larga no te sentirás satisfecho. O, si no te satisface tu forma física pero la vas mejorando constantemente, es que todavía no has tenido éxito en este aspecto de tu vida, pero probablemente ya has emprendido el camino para conseguirlo mediante esas pequeñas mejoras en tu salud.

Igualmente, si no estás satisfecho con tus relaciones y no intentas mejorarlas, no tendrás éxito. Era lo que nos ocurría a los dos hace unos años respecto a los cinco valores. Si vuelves a leer el primer capítulo, verás que nuestra vida no nos satisfacía: no estábamos contentos con nuestra salud, nuestras relaciones, nuestras pasiones, nuestro crecimiento personal ni con la forma en que ayudábamos a los demás. Peor aún, tampoco mejorábamos ningún ámbito de nuestra vida. La verdad es que, con el paso del tiempo, estos ámbitos se iban deteriorando cada vez más a medida que recorríamos esos caminos y aumentaba nuestro descontento.

Fue entonces cuando decidimos volver a recuperar el control de nuestras vidas. Utilizamos los principios del minimalismo para eliminar lo innecesario y pudimos centrarnos en los cinco valores cada día. En dos años, todo cambió para nosotros. Nos deshicimos de lo superfluo para priorizar lo esencial y llevar una vida con más sentido.

Nada fue fácil. Hay que estar concentrado en ello todos los días y mantener el compromiso con la mejora constante. Y para seguir viviendo con sentido, hemos de comprometernos a mejorar cada ámbito de nuestra vida. Un día sí y al otro también. Las pequeñas mejoras diarias marcan la diferencia.

Lo que hemos descubierto en los últimos años es que podemos ser felices, mejorar nuestra vida día a día, y, en última instancia, vivir una vida plena y con sentido, y tú también podrás hacerlo.

editorial **K** airós

Puede recibir información sobre nuestros
libros y colecciones o hacer comentarios
acerca de nuestras temáticas en:

www.editorialkairos.com

Numancia, 117-121 • 08029 Barcelona • España
tel +34 934 949 490 • info@editorialkairos.com